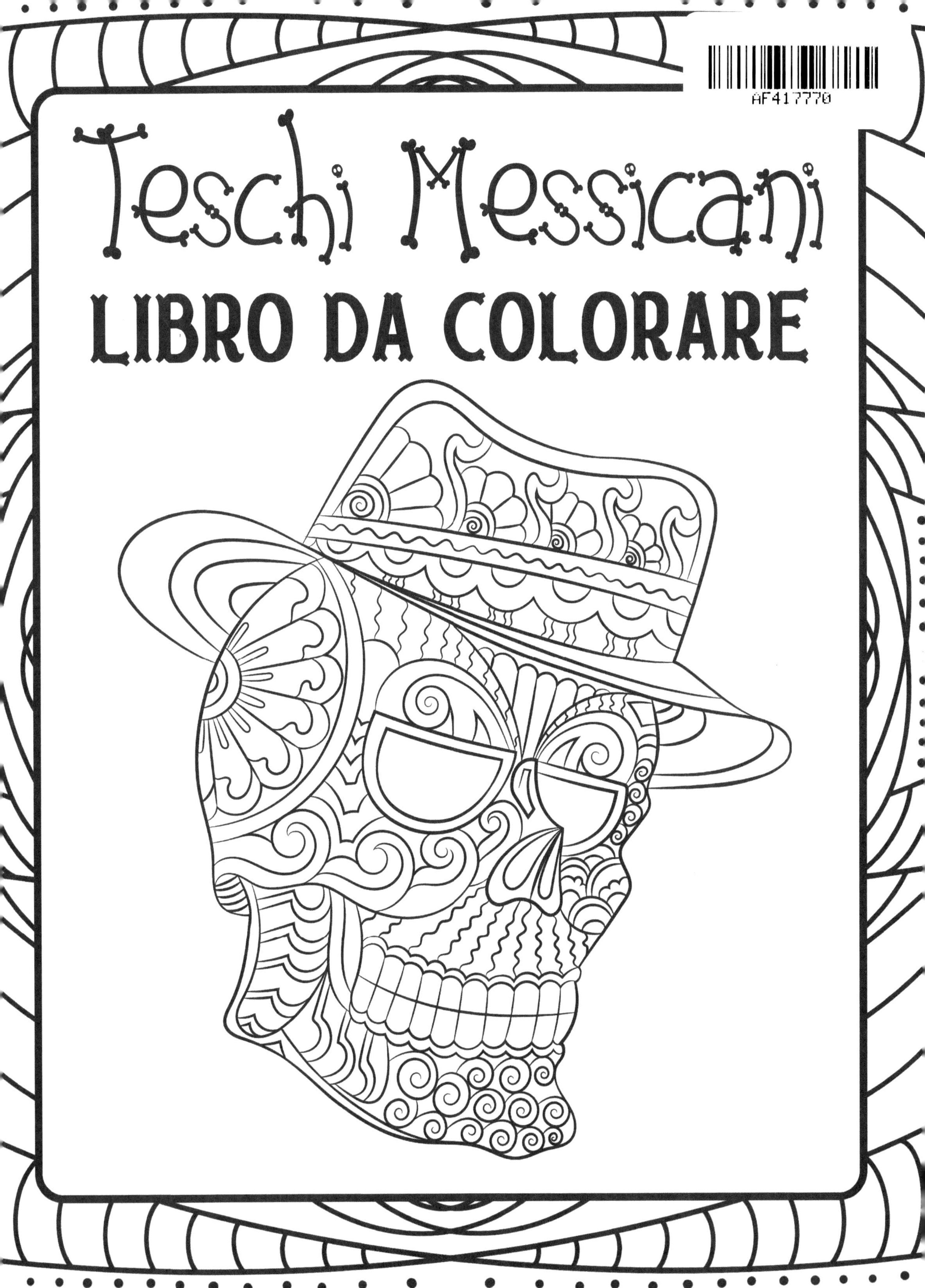

Teschi Messicani
LIBRO DA COLORARE
AF417770

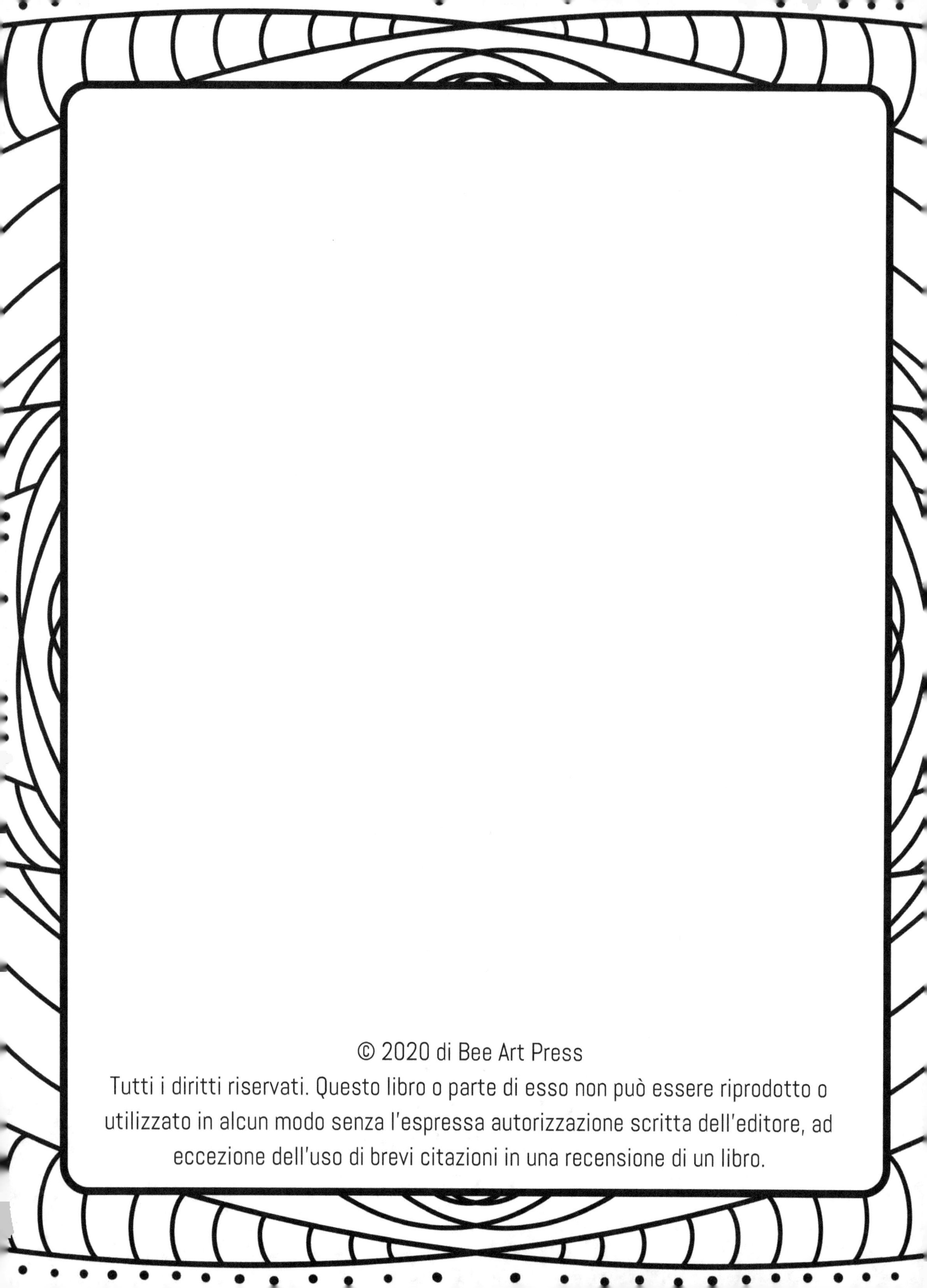

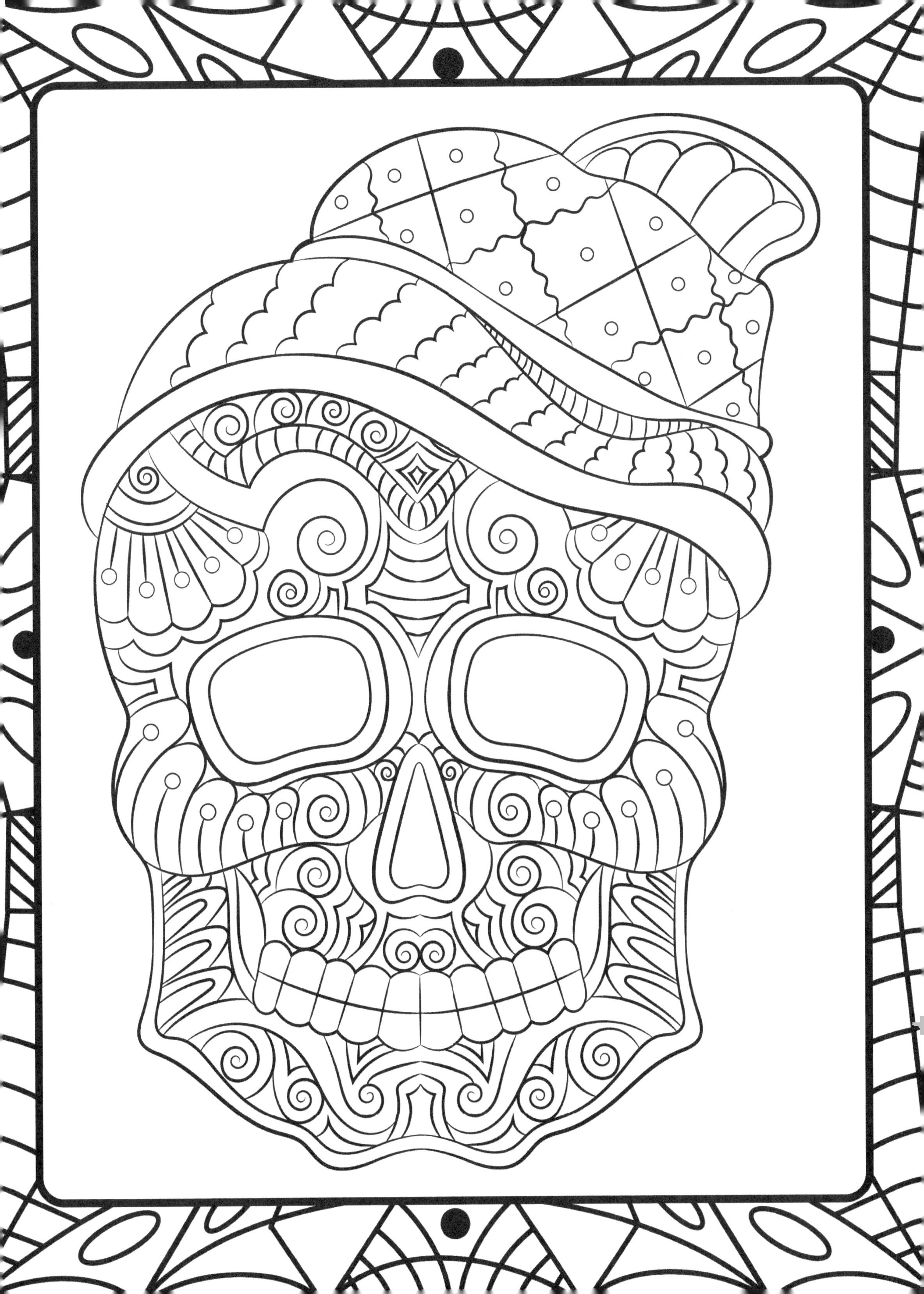

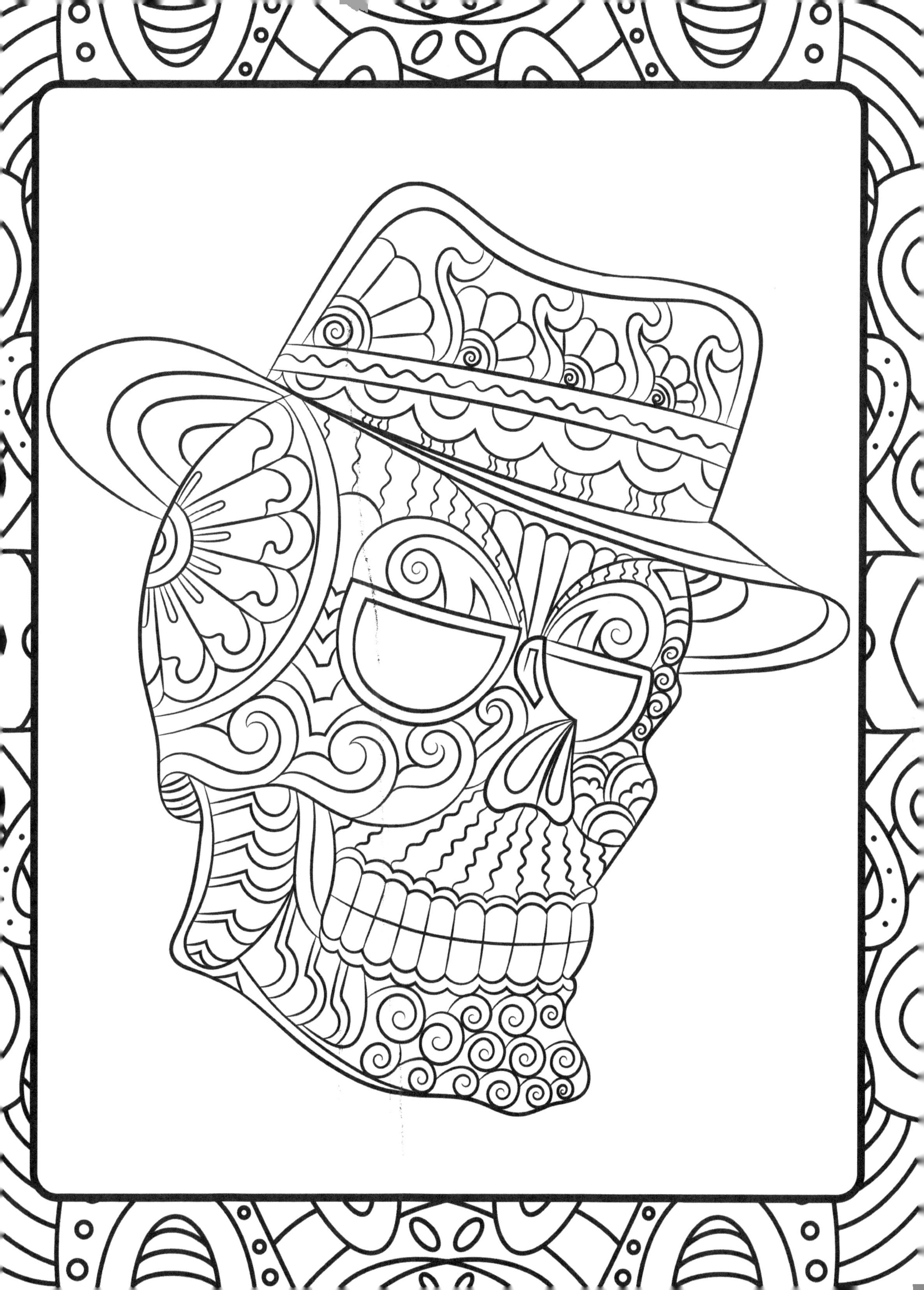

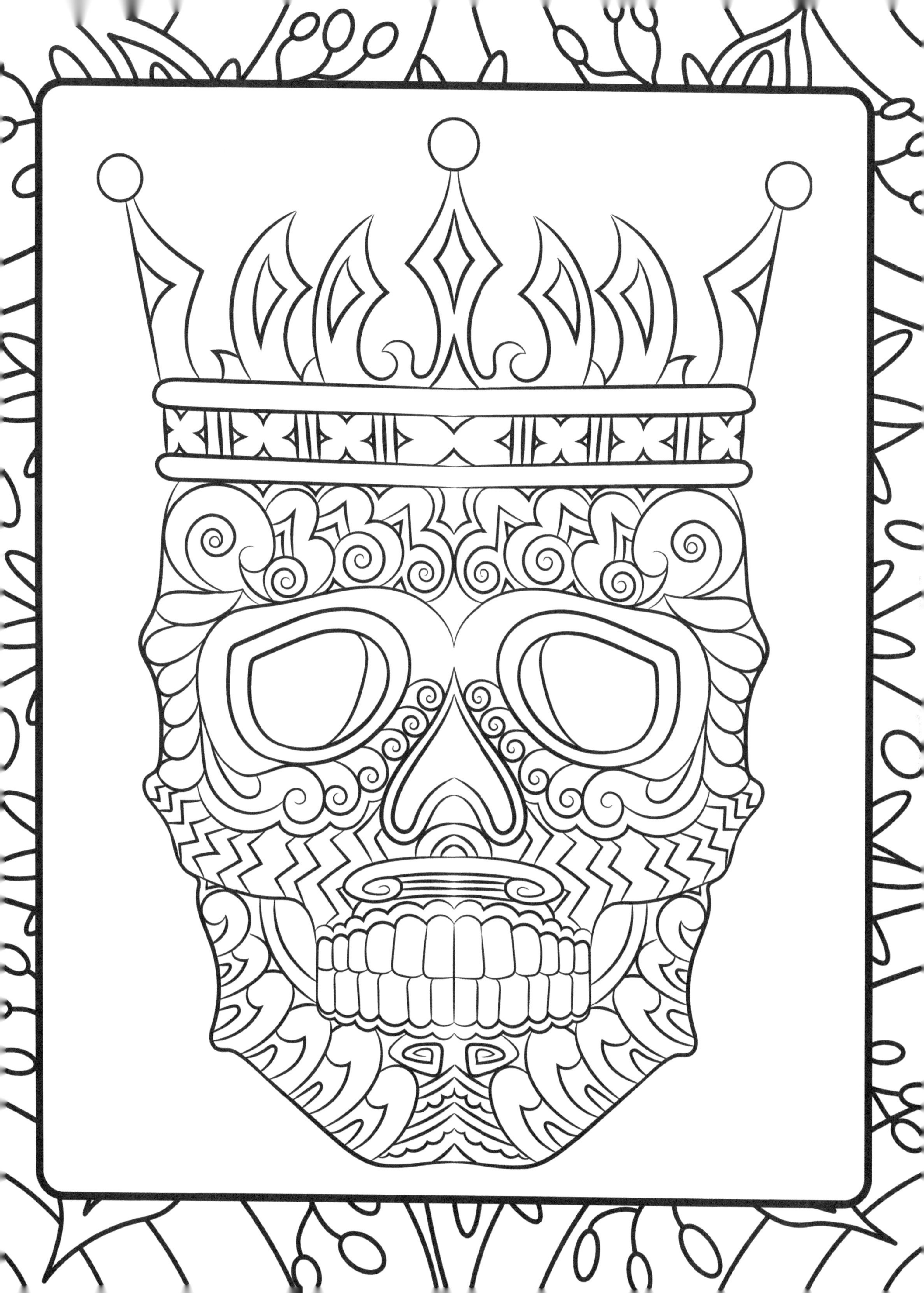

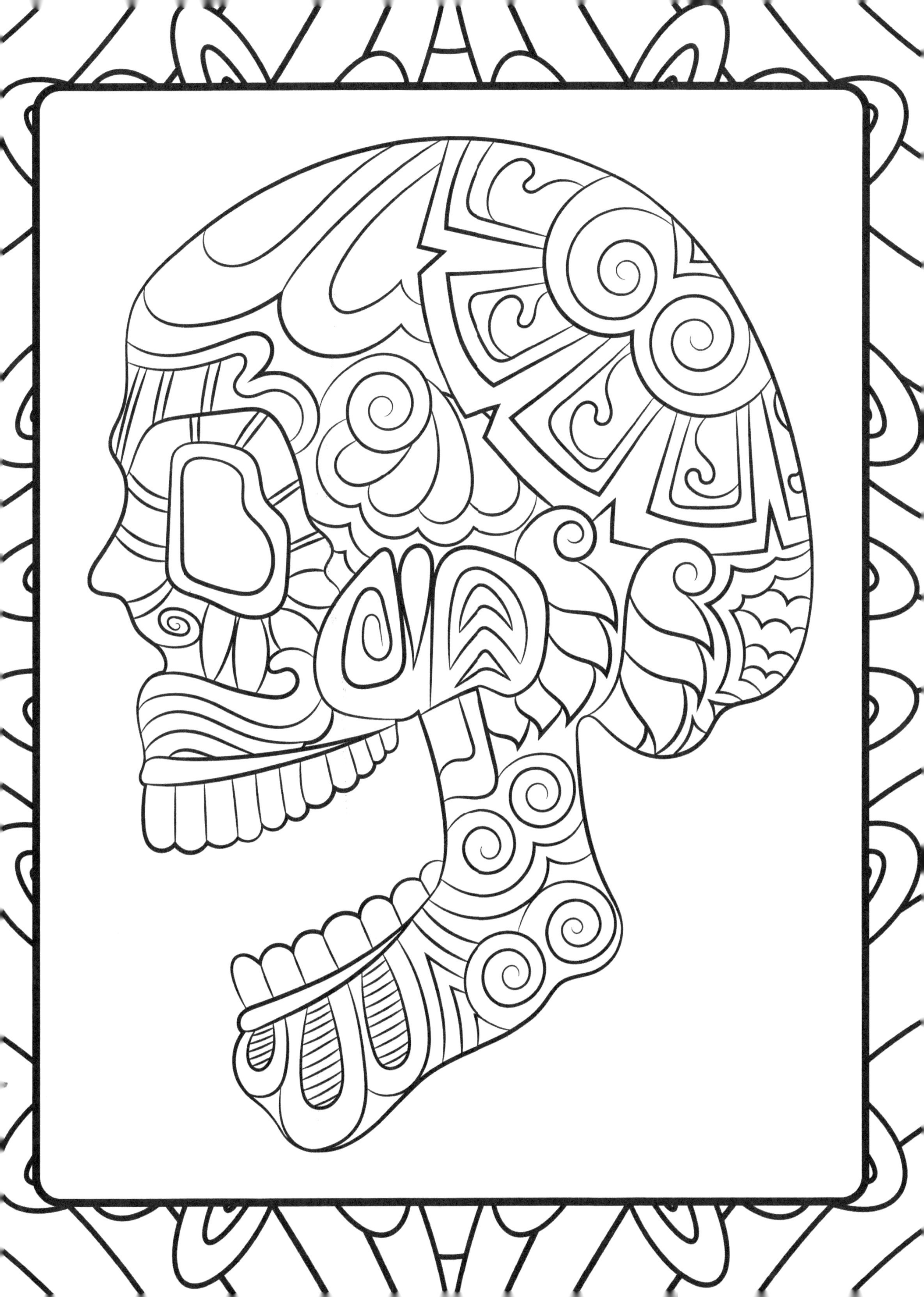

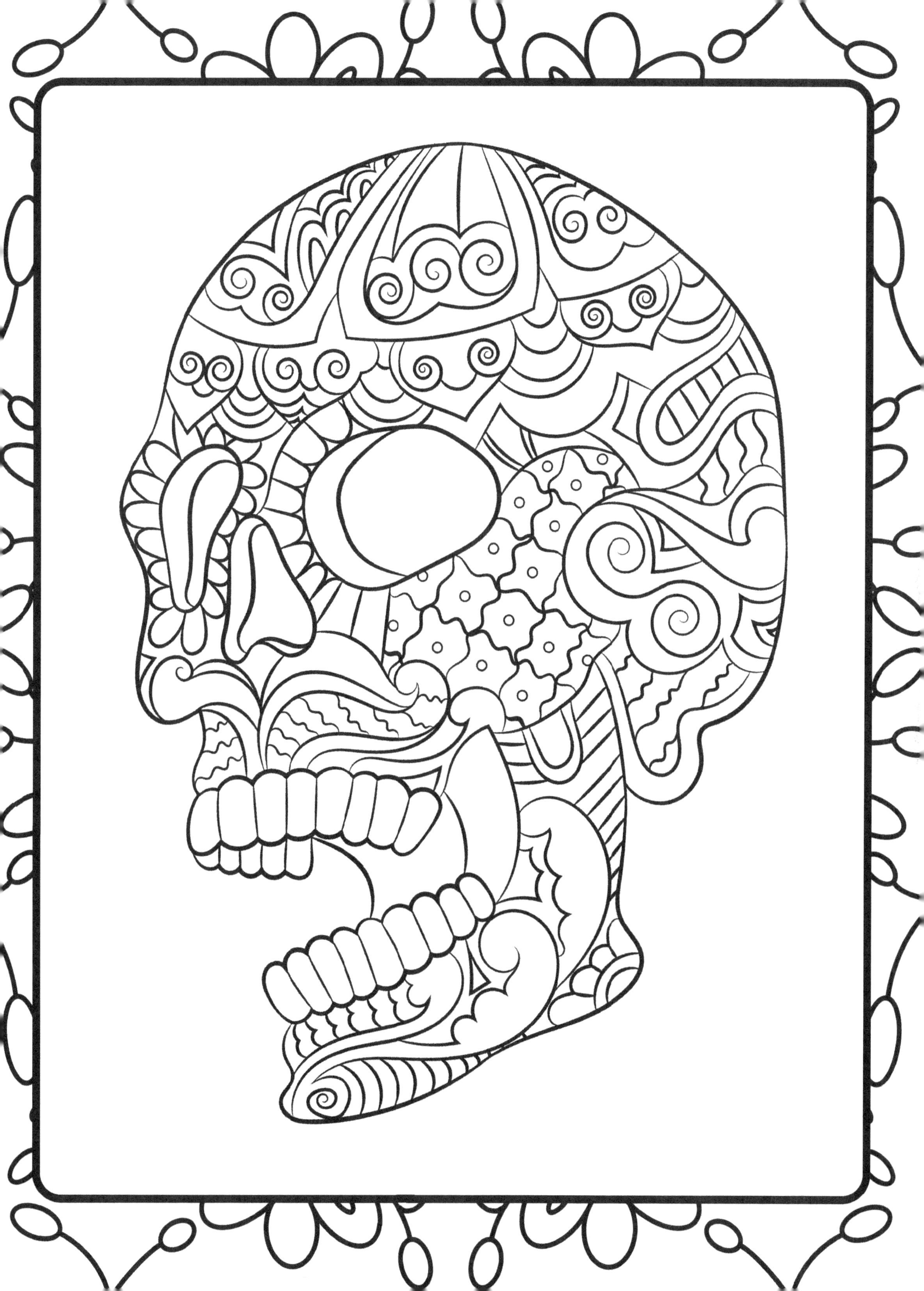

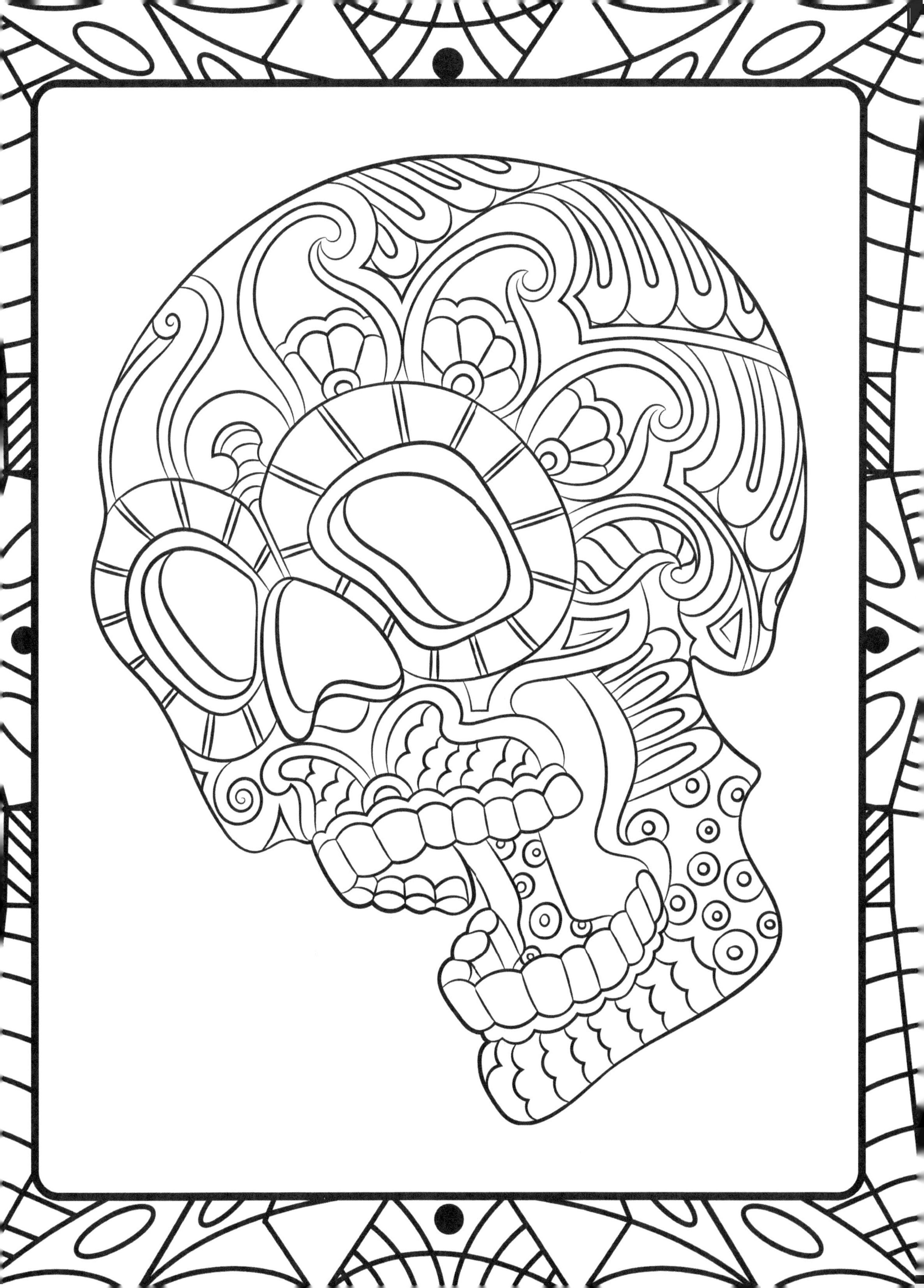

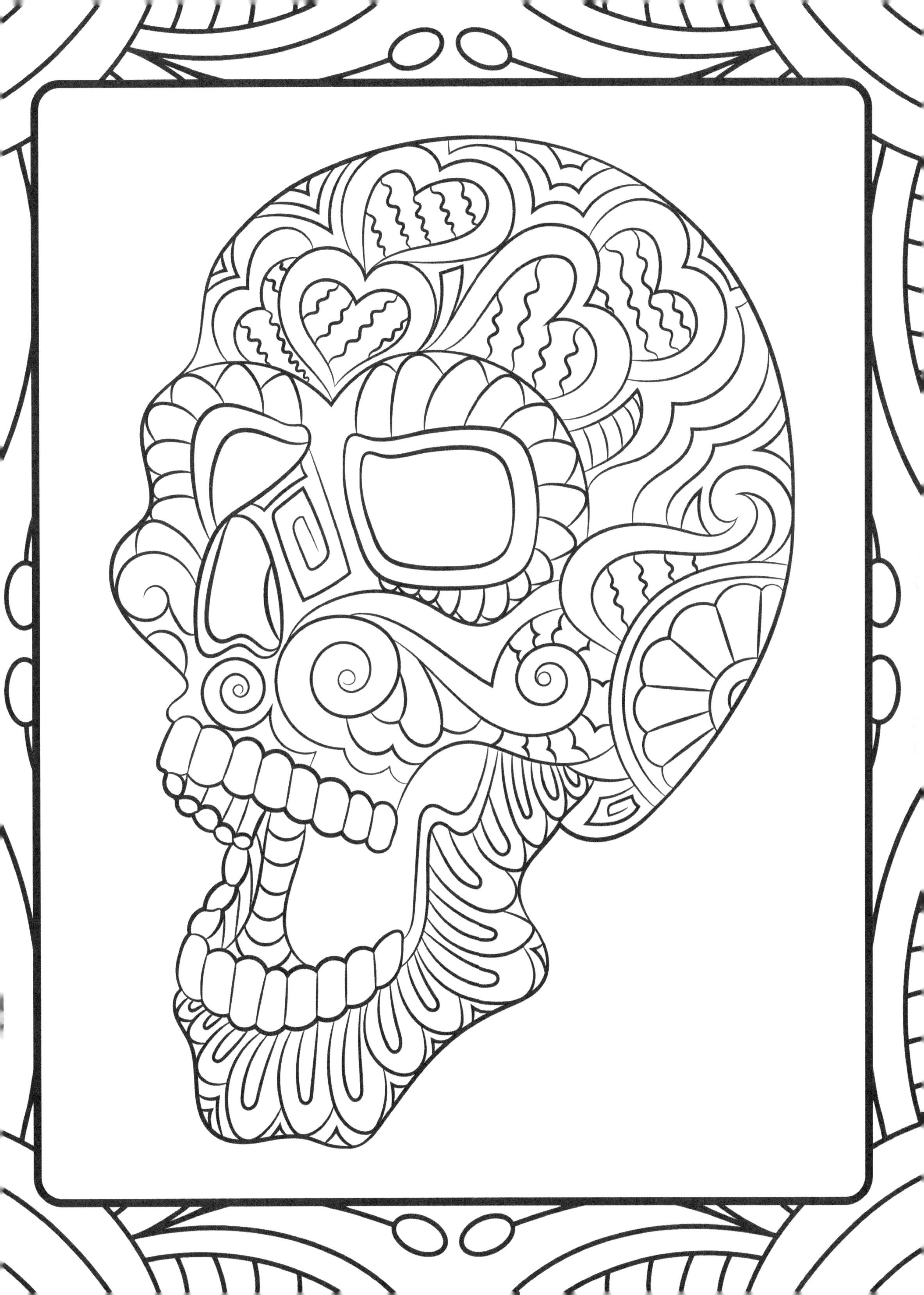

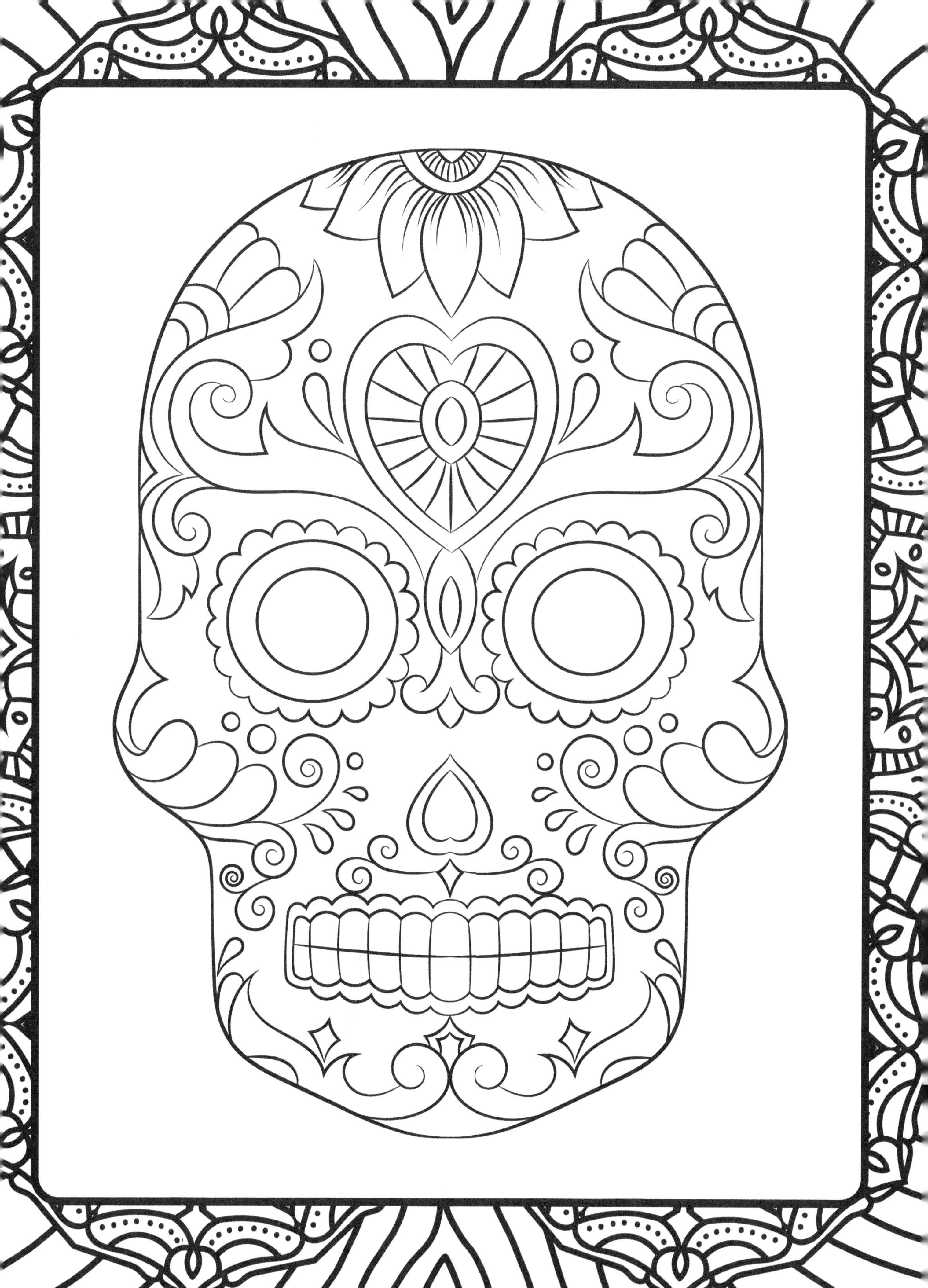

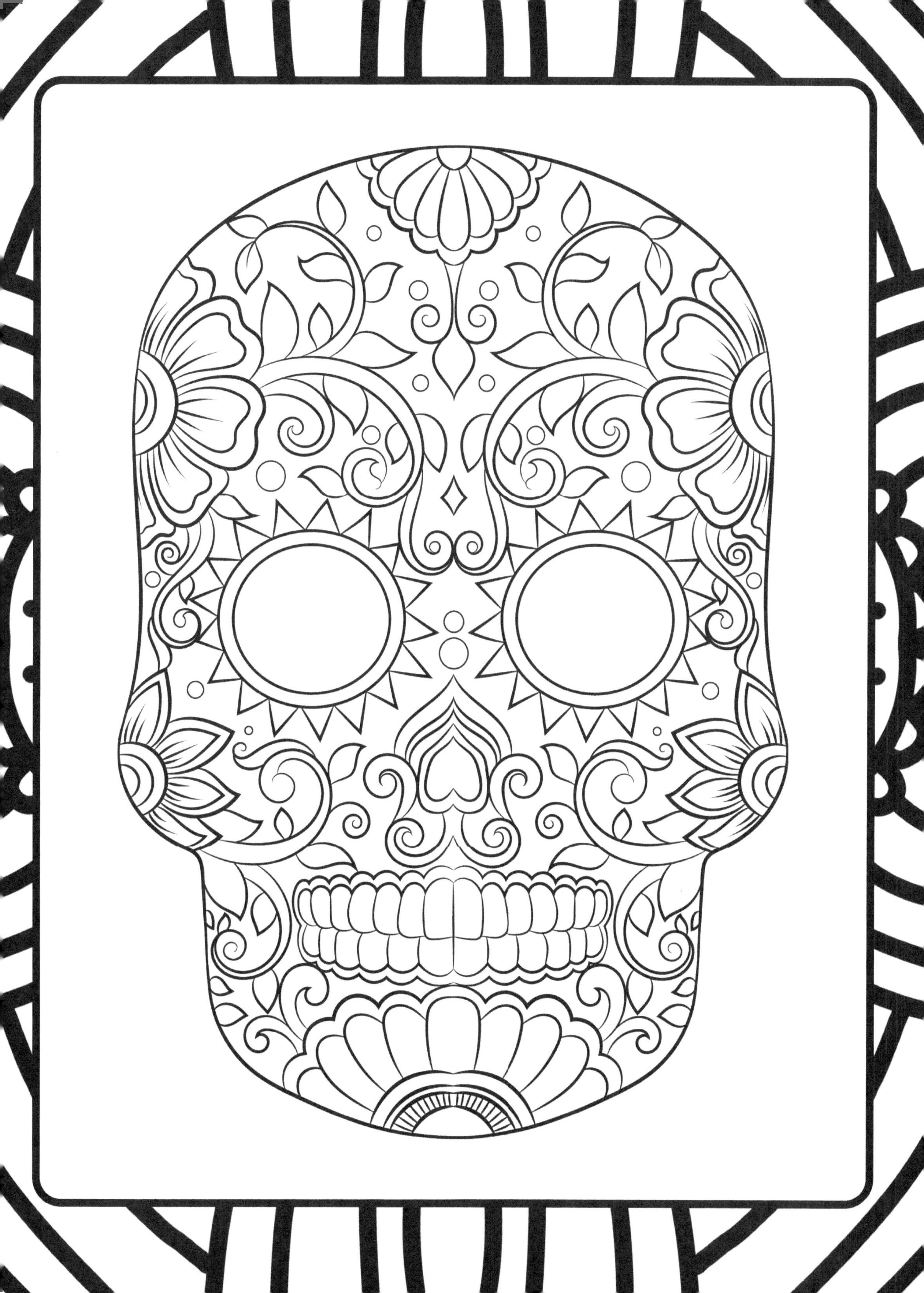

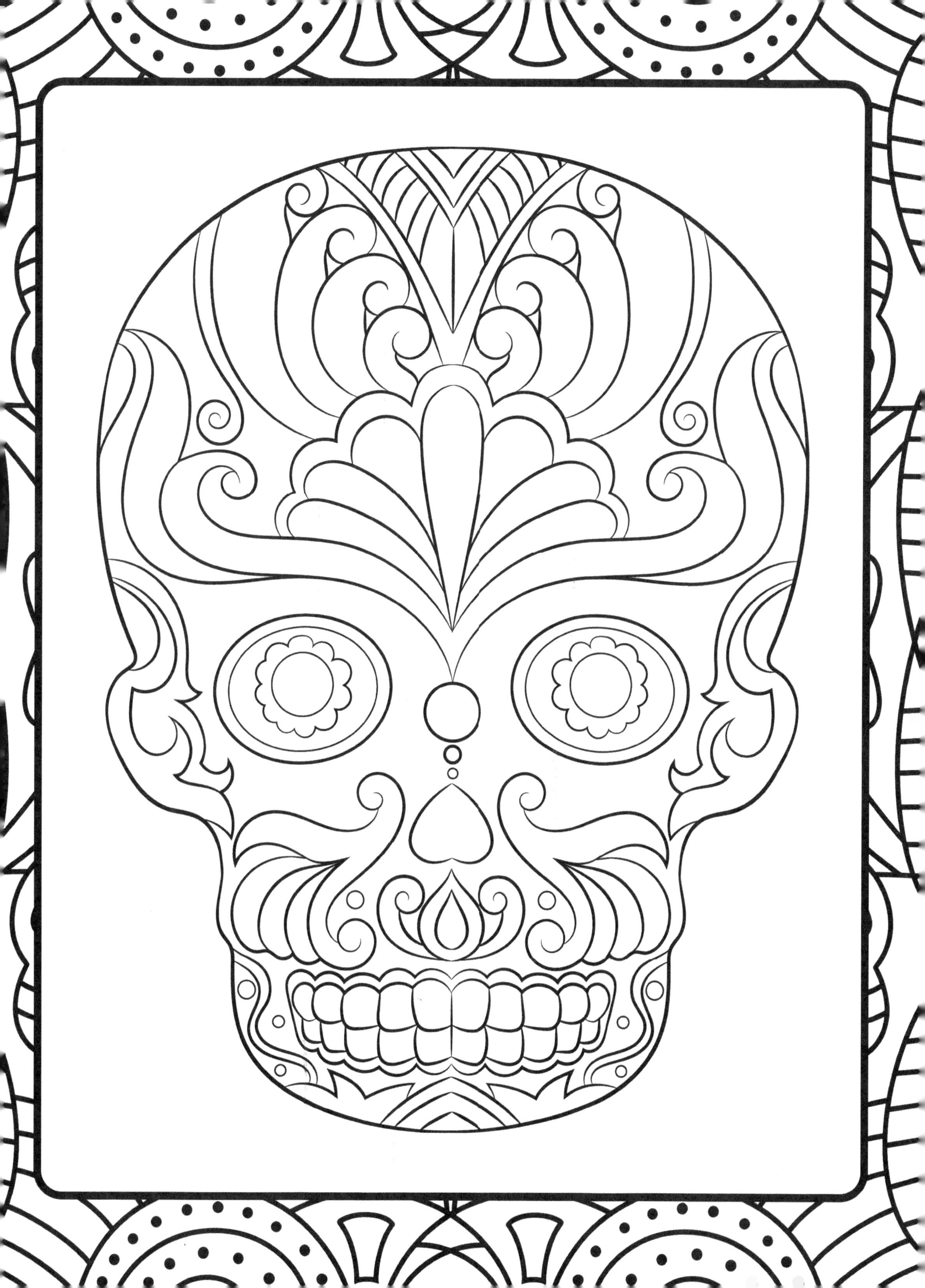

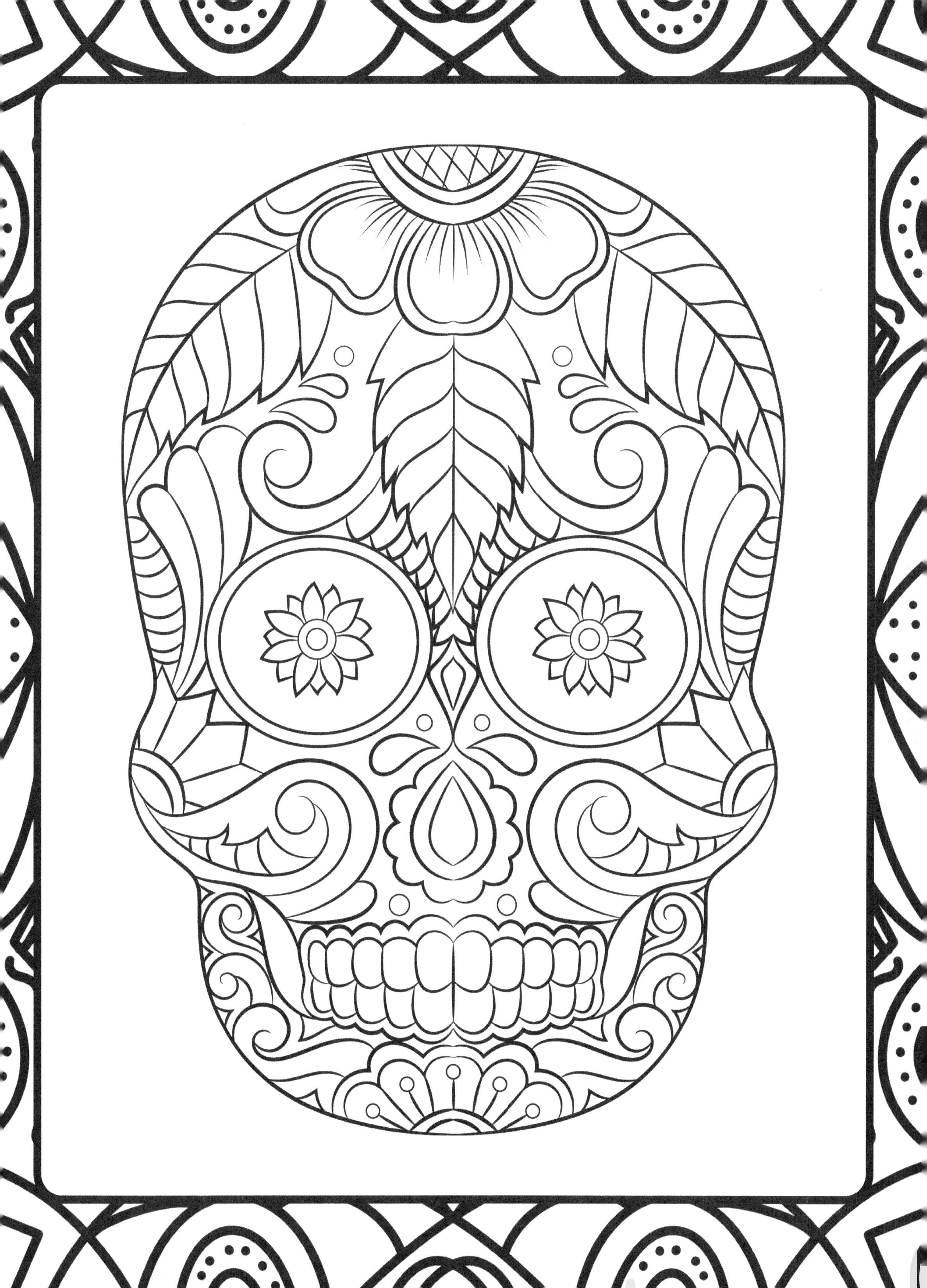

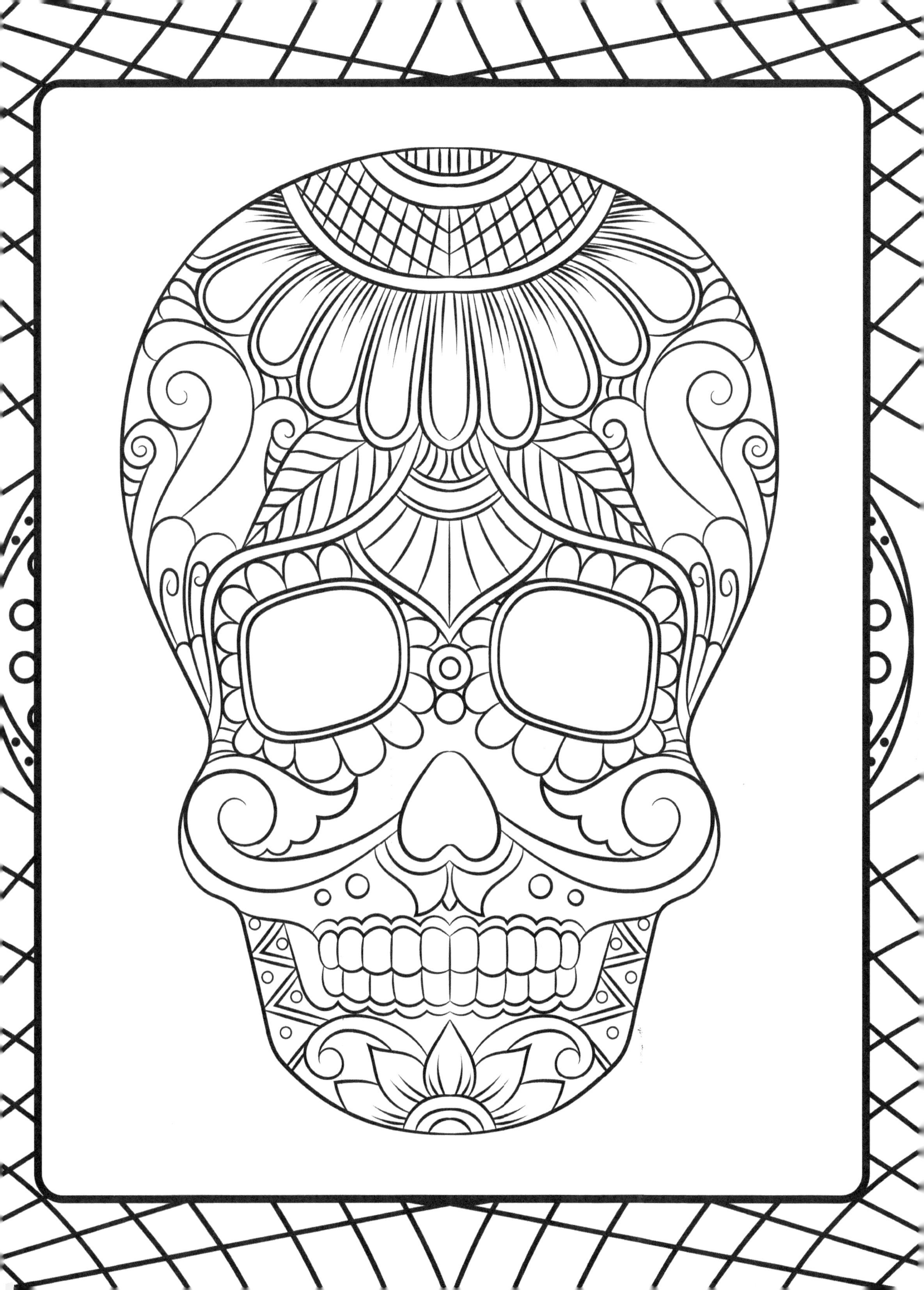

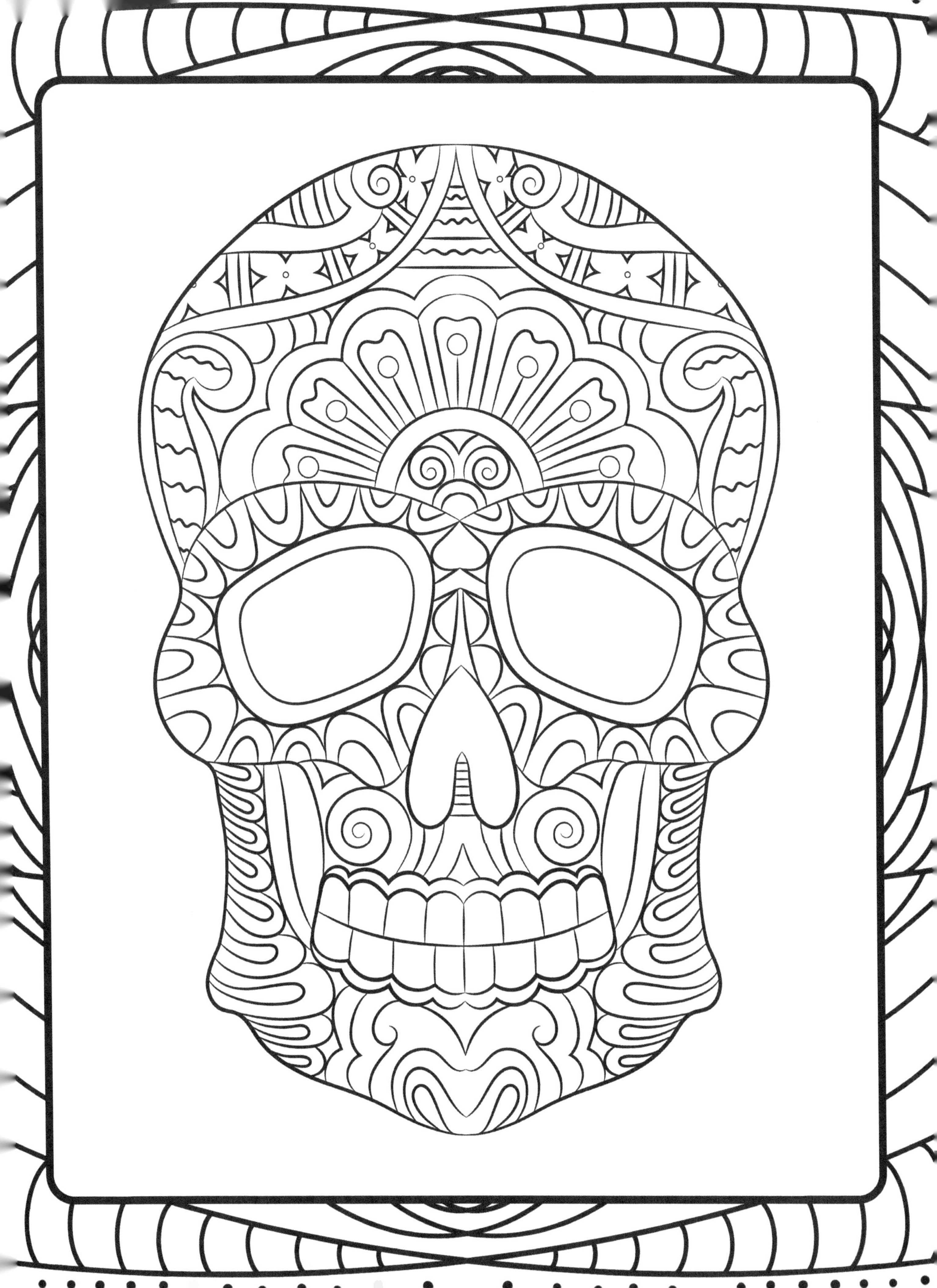

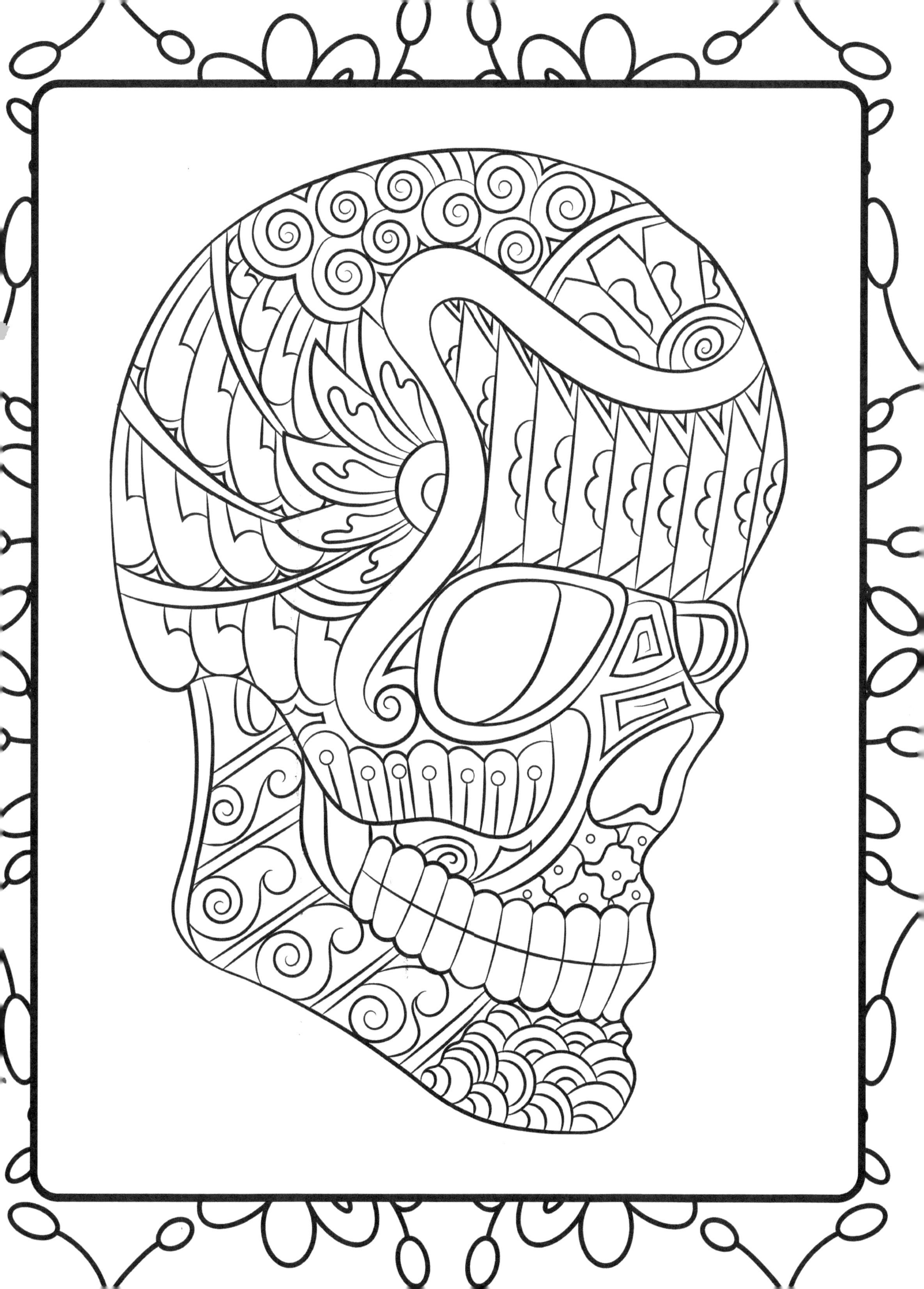

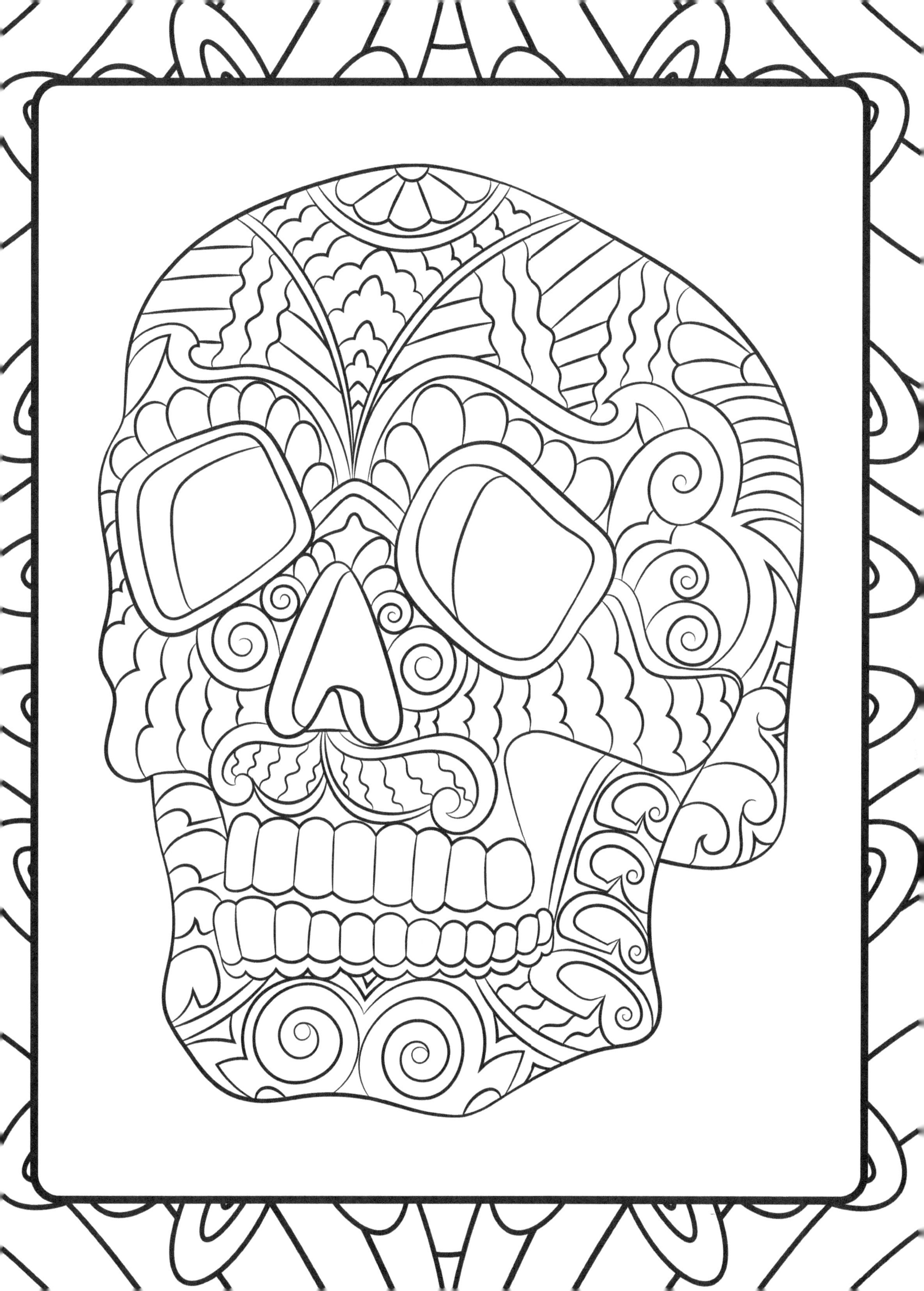

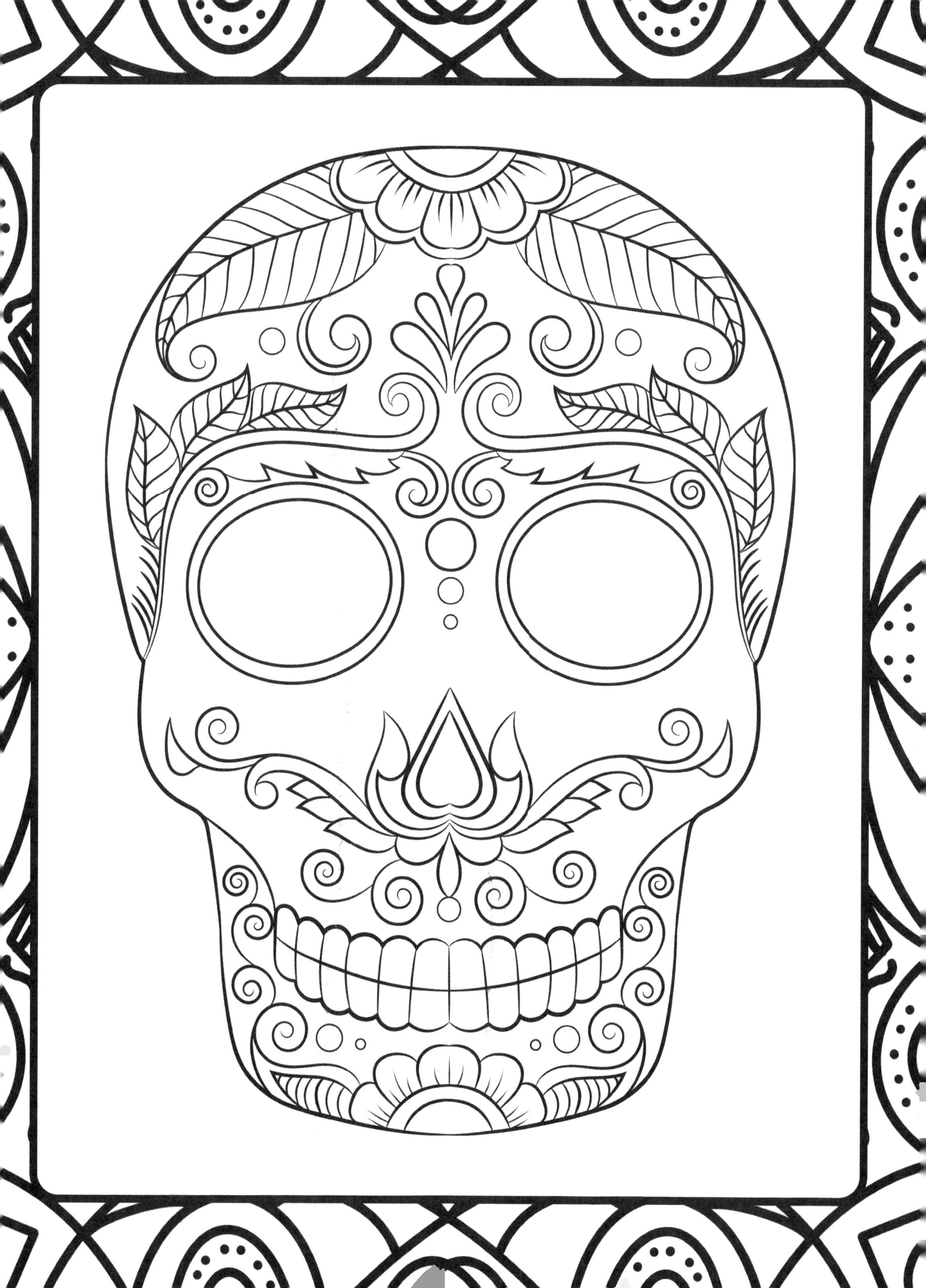

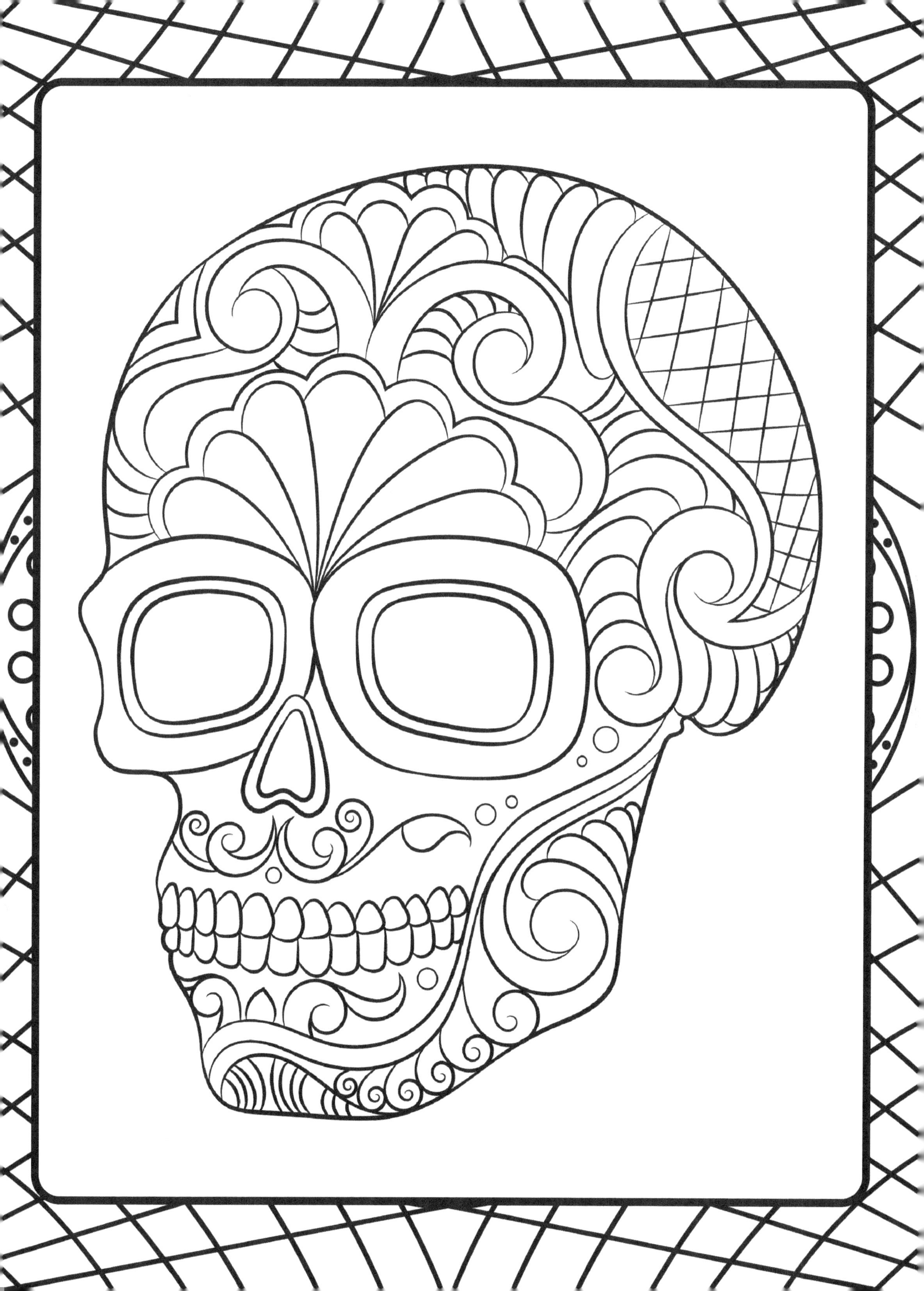

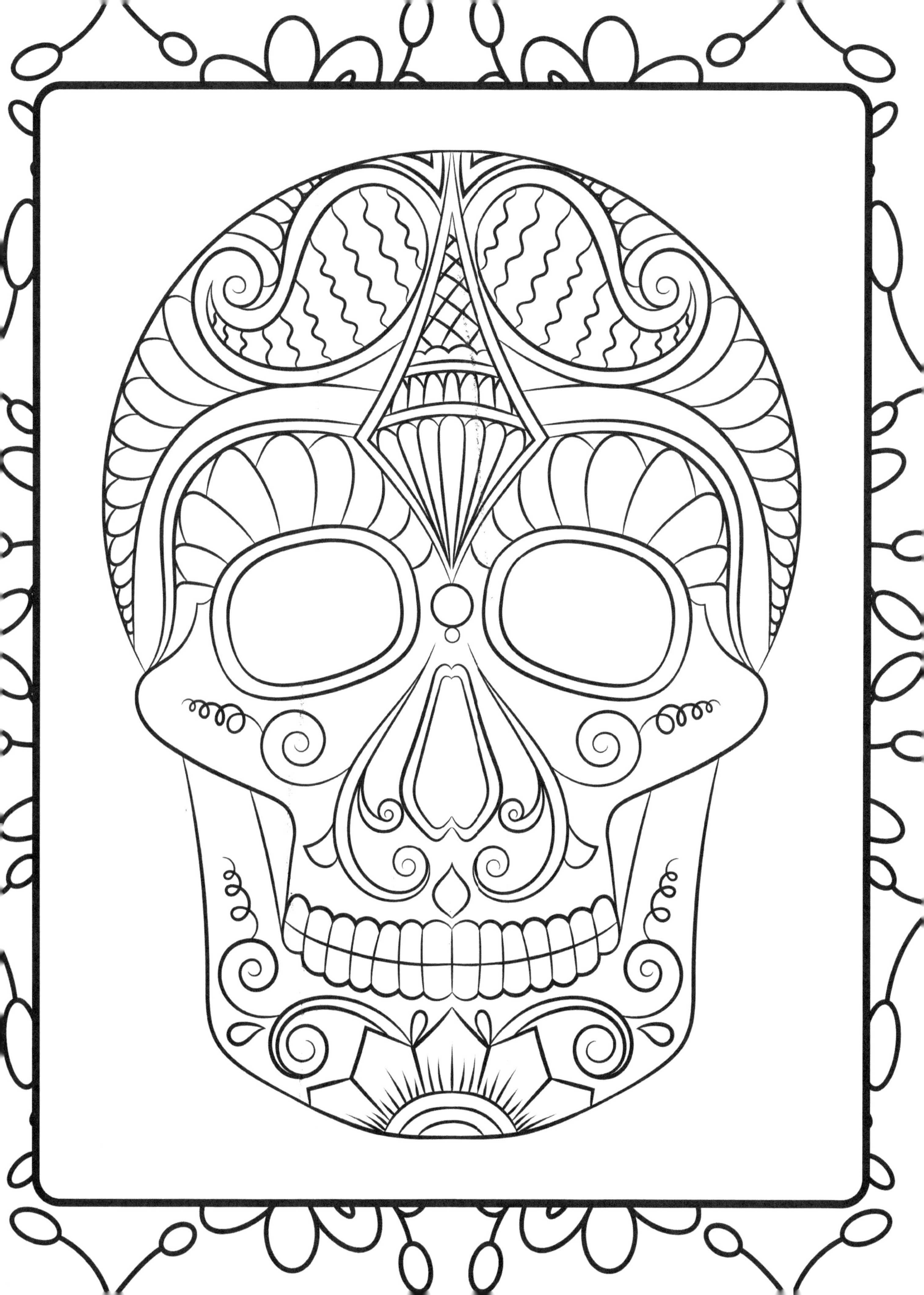

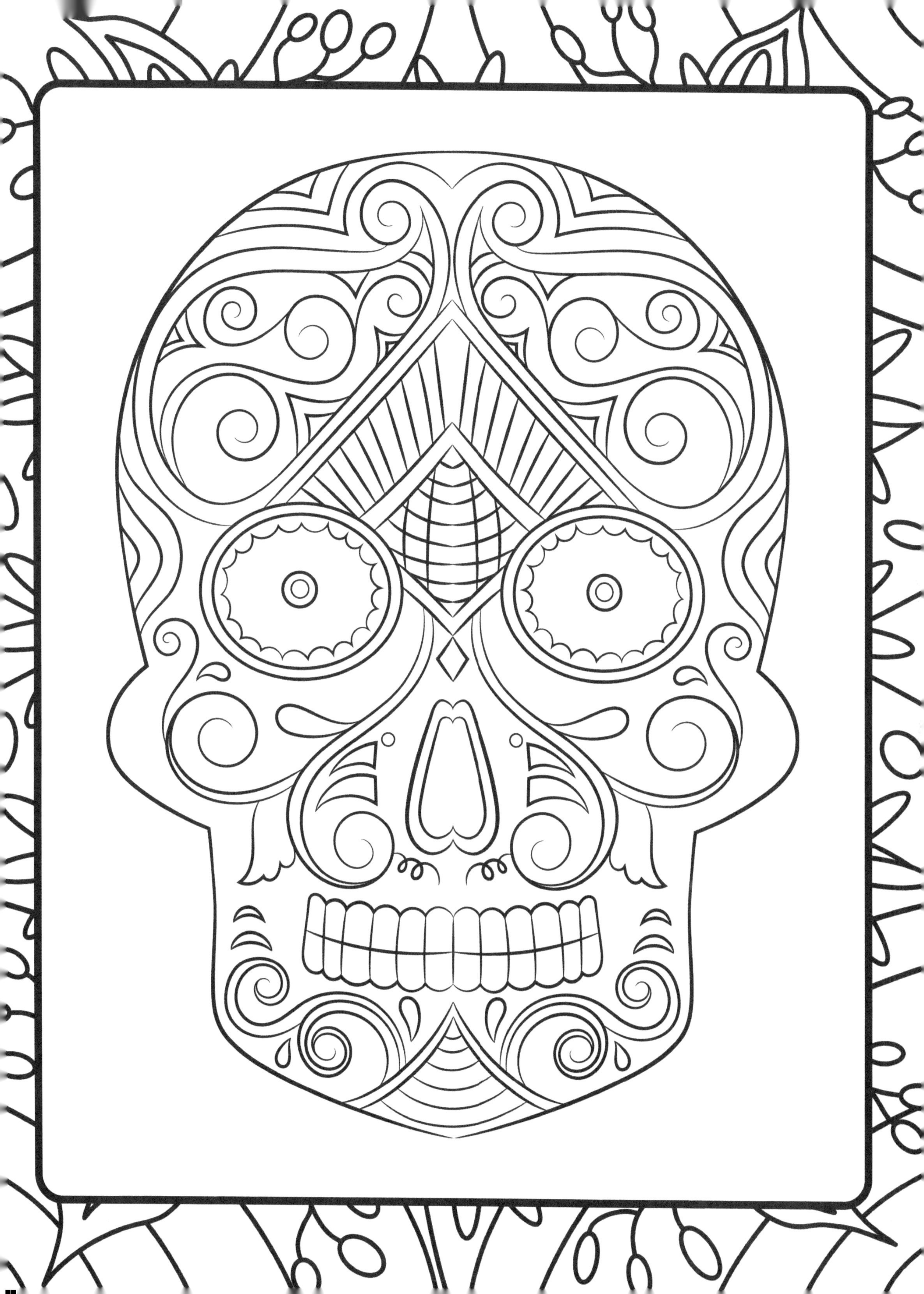

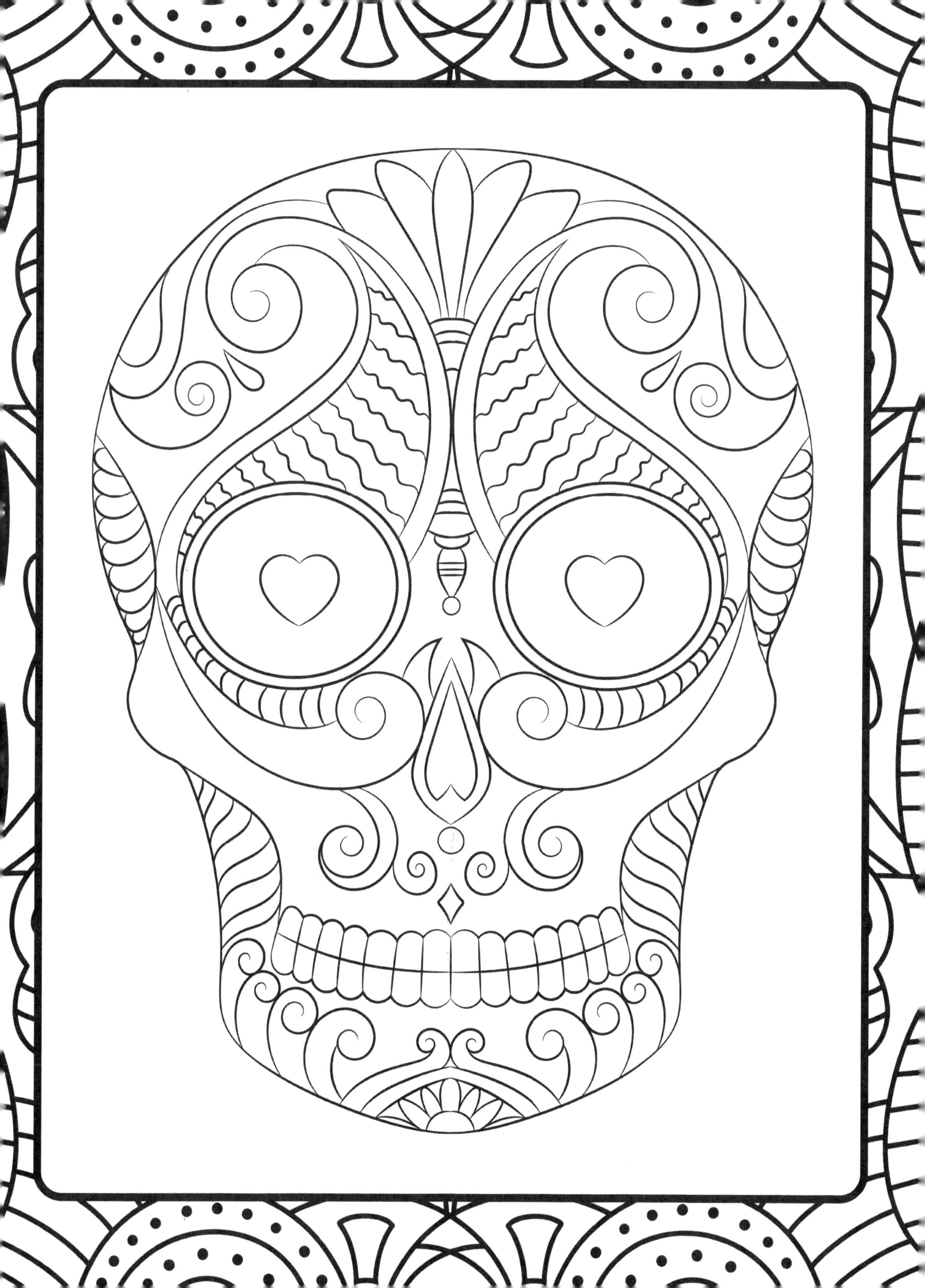

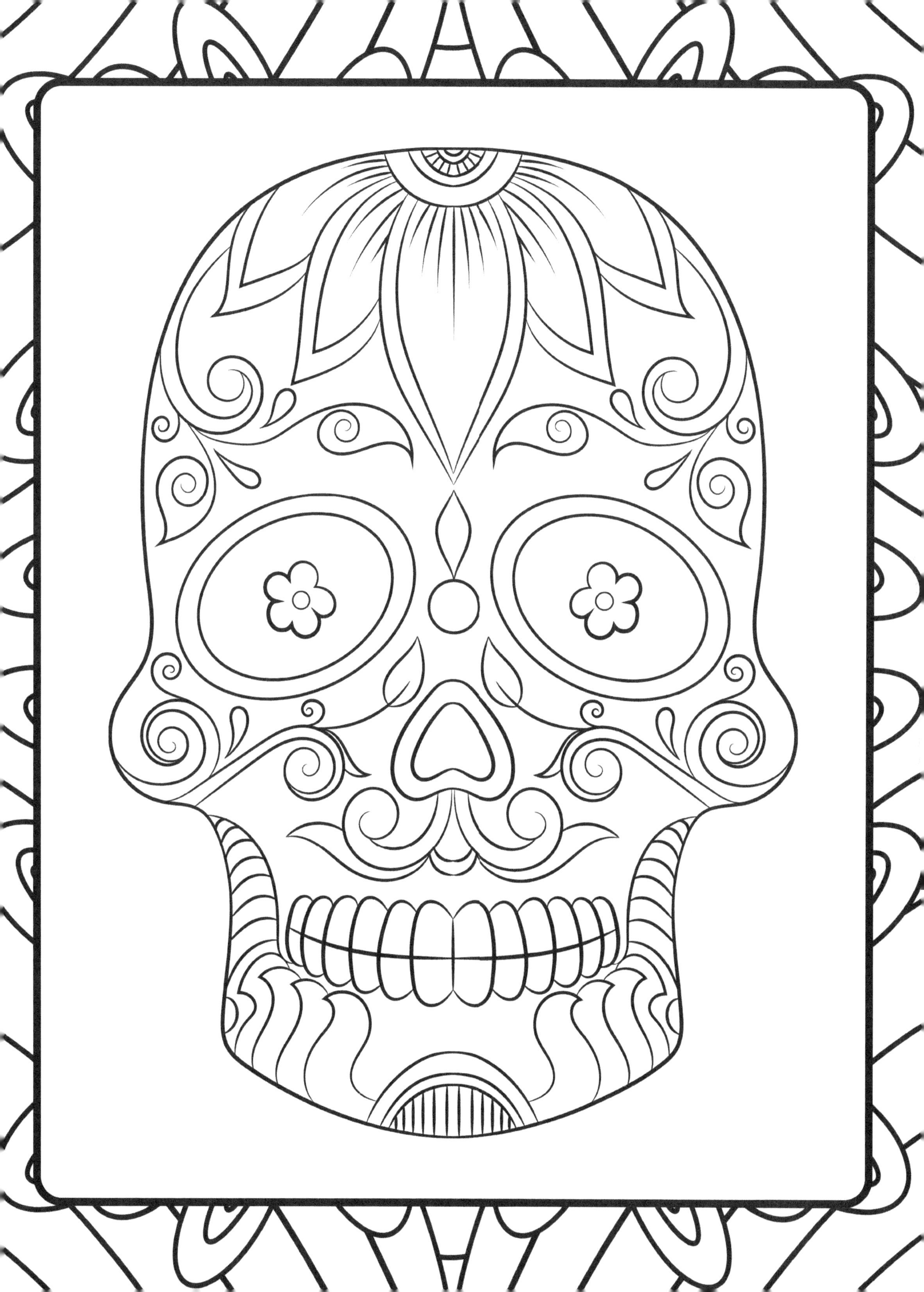

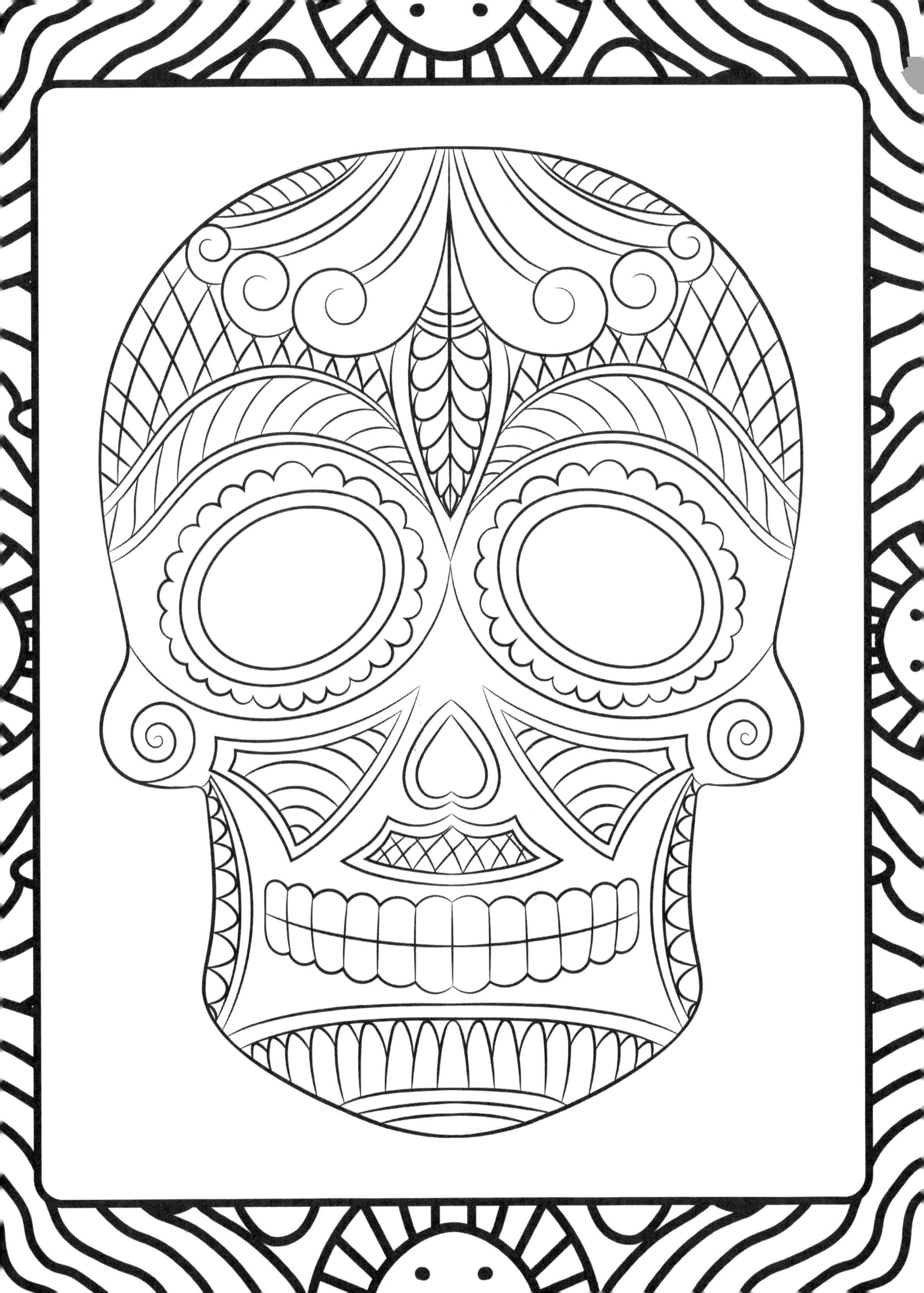

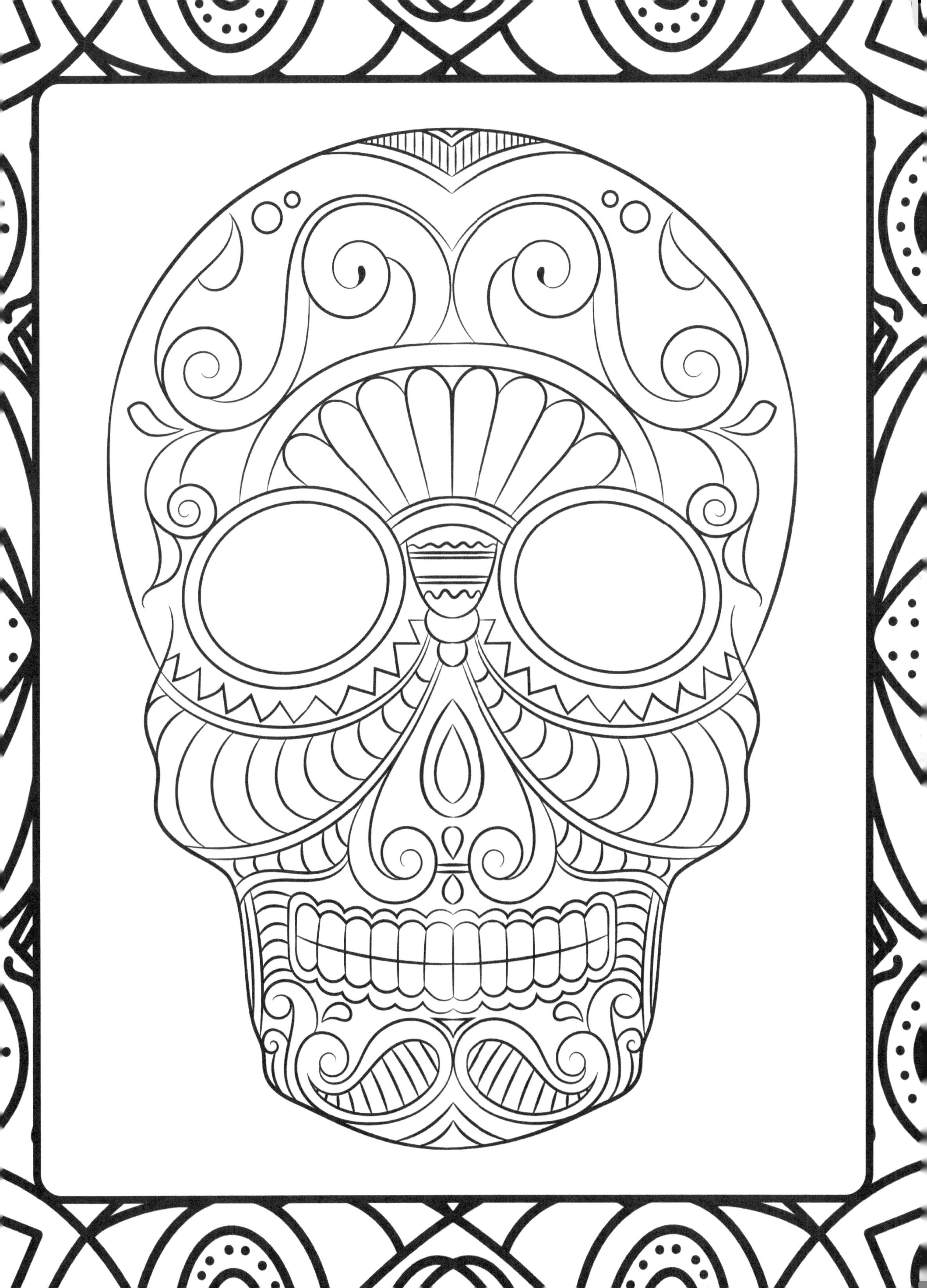

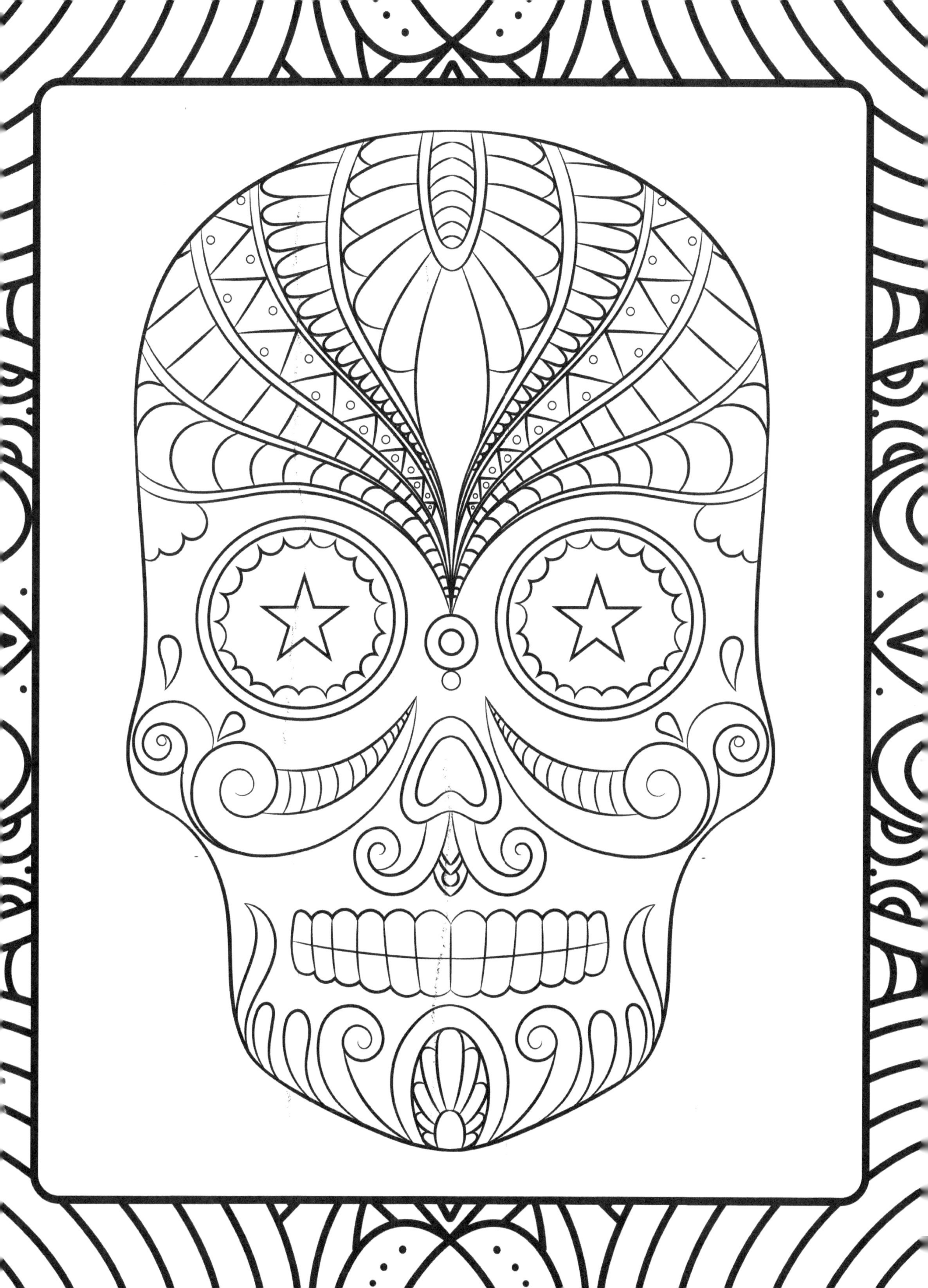

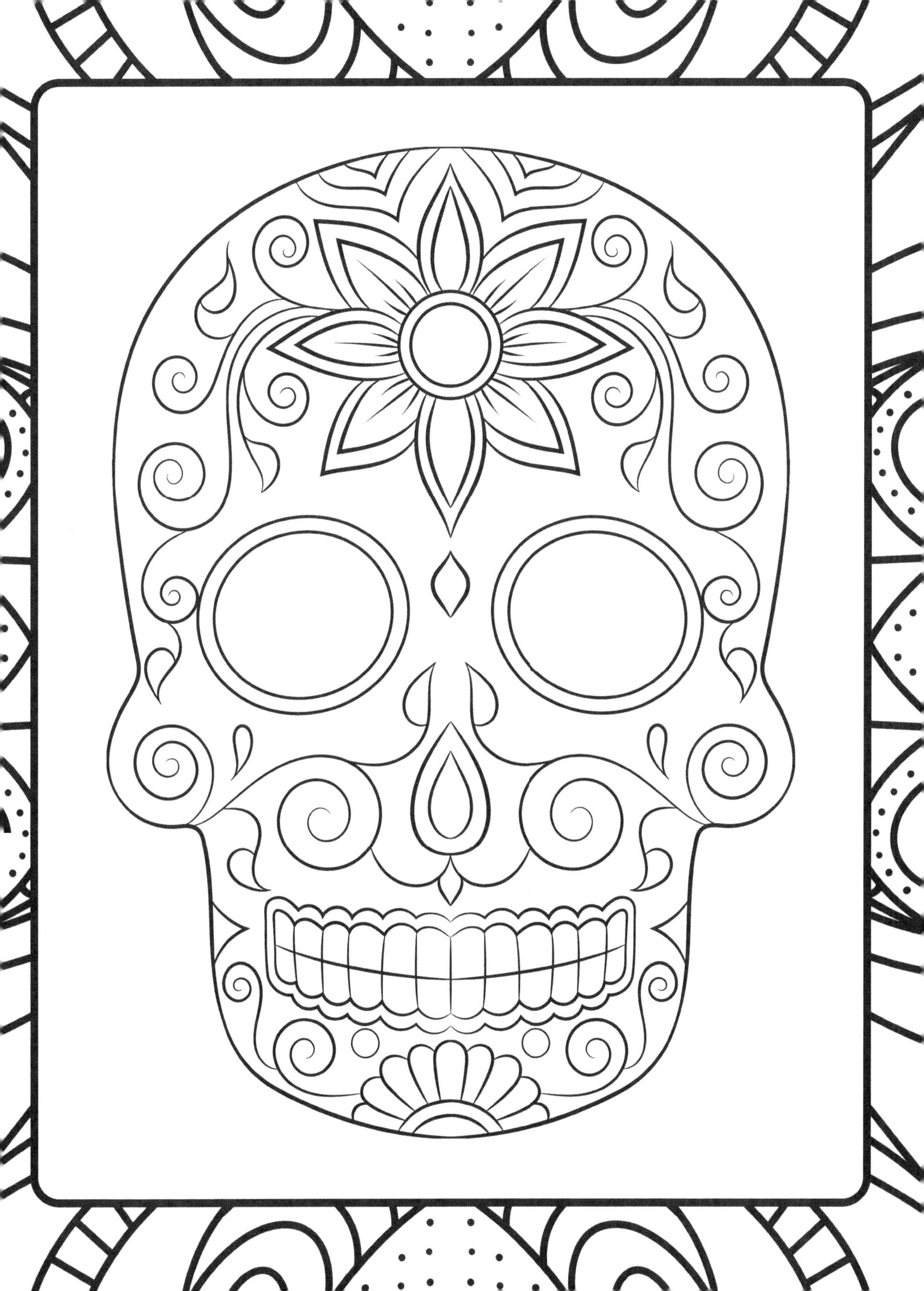

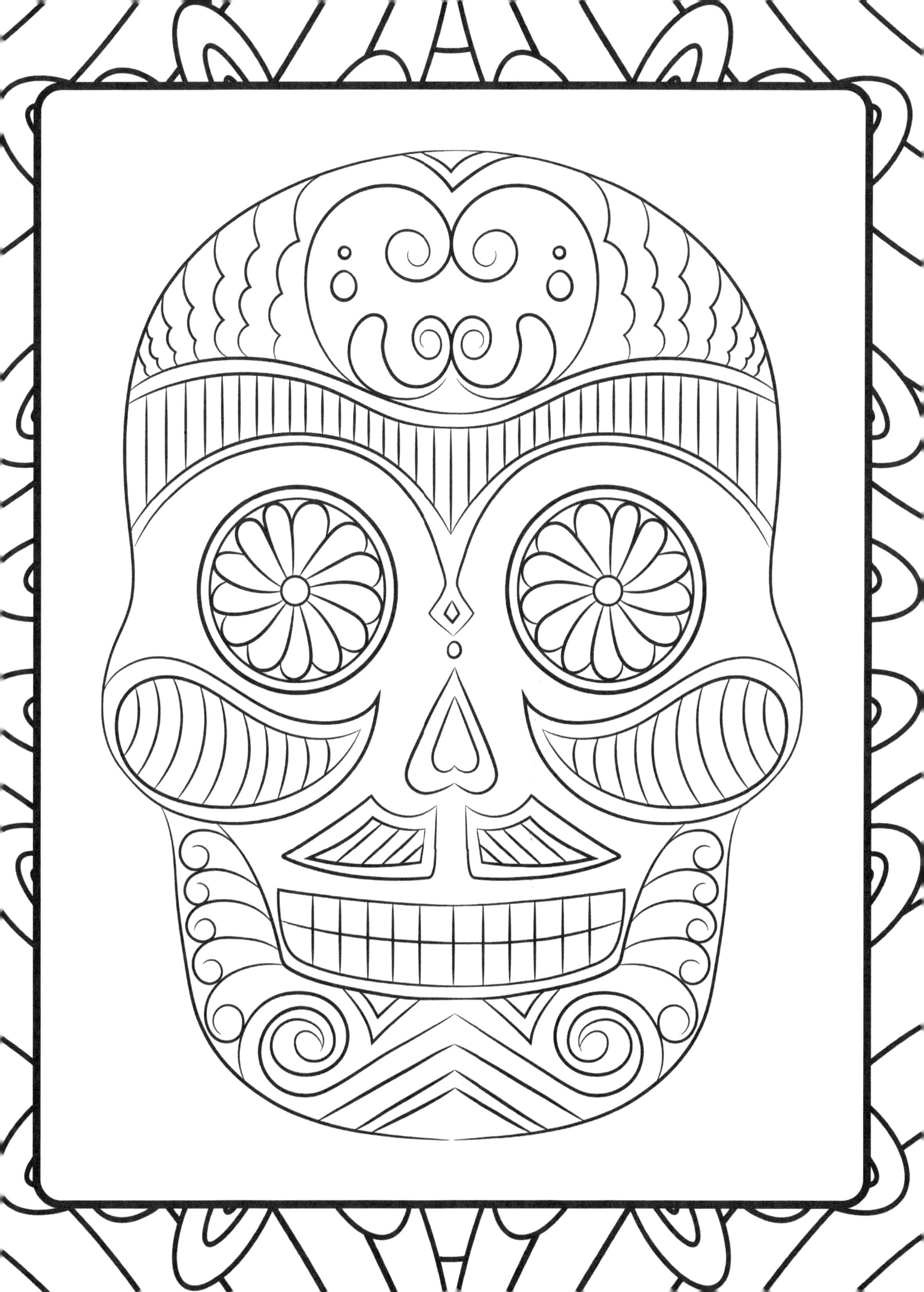

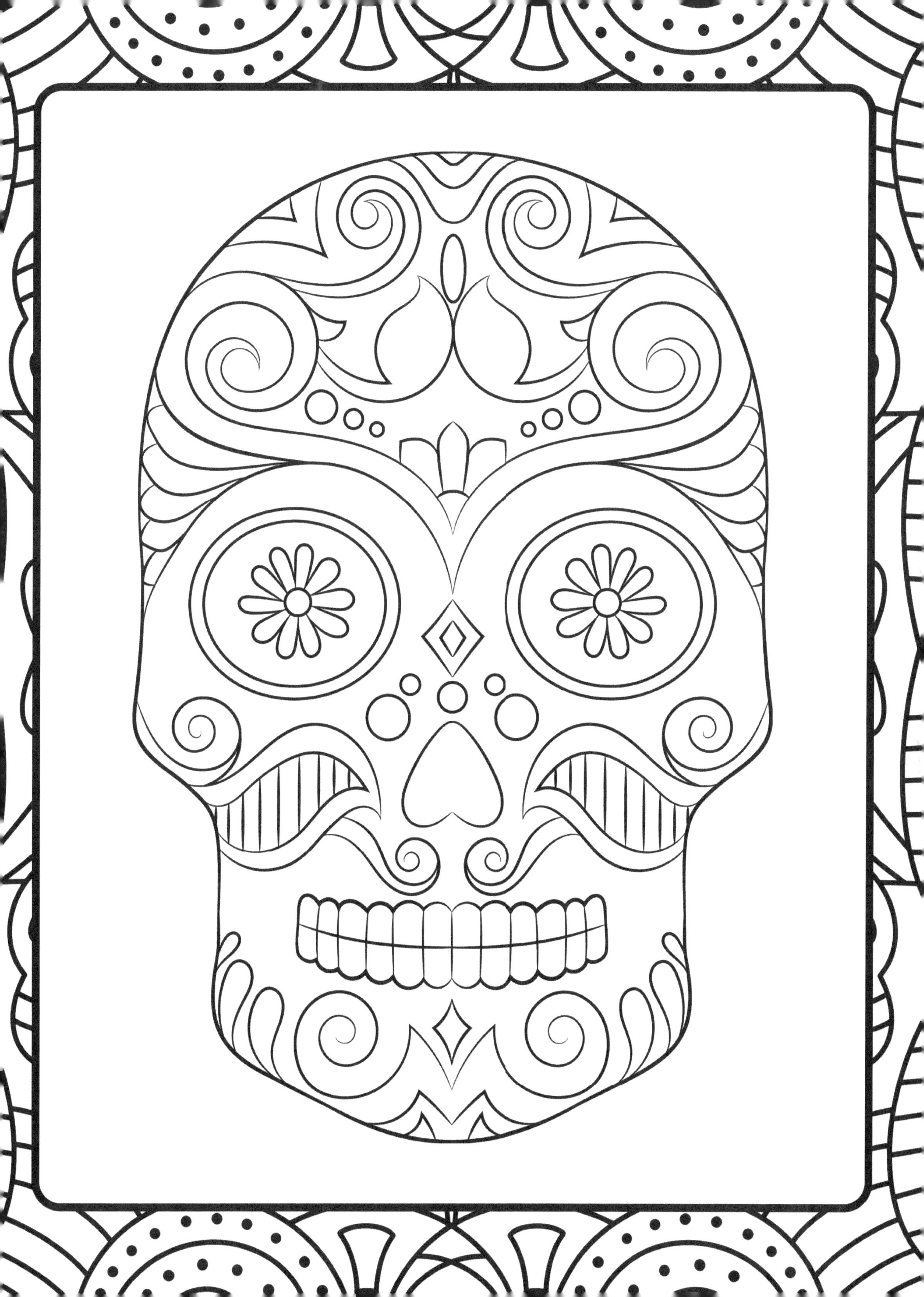

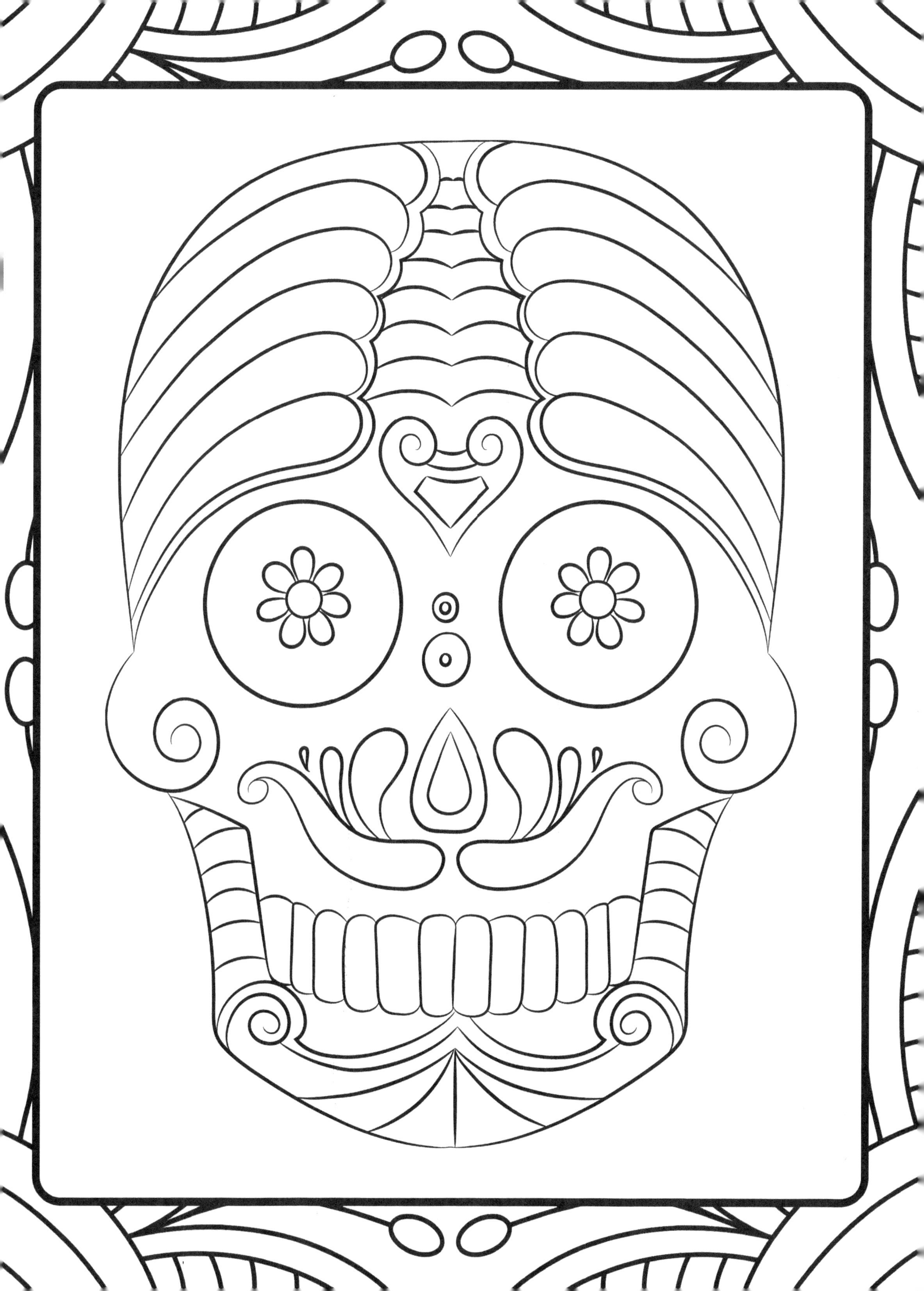

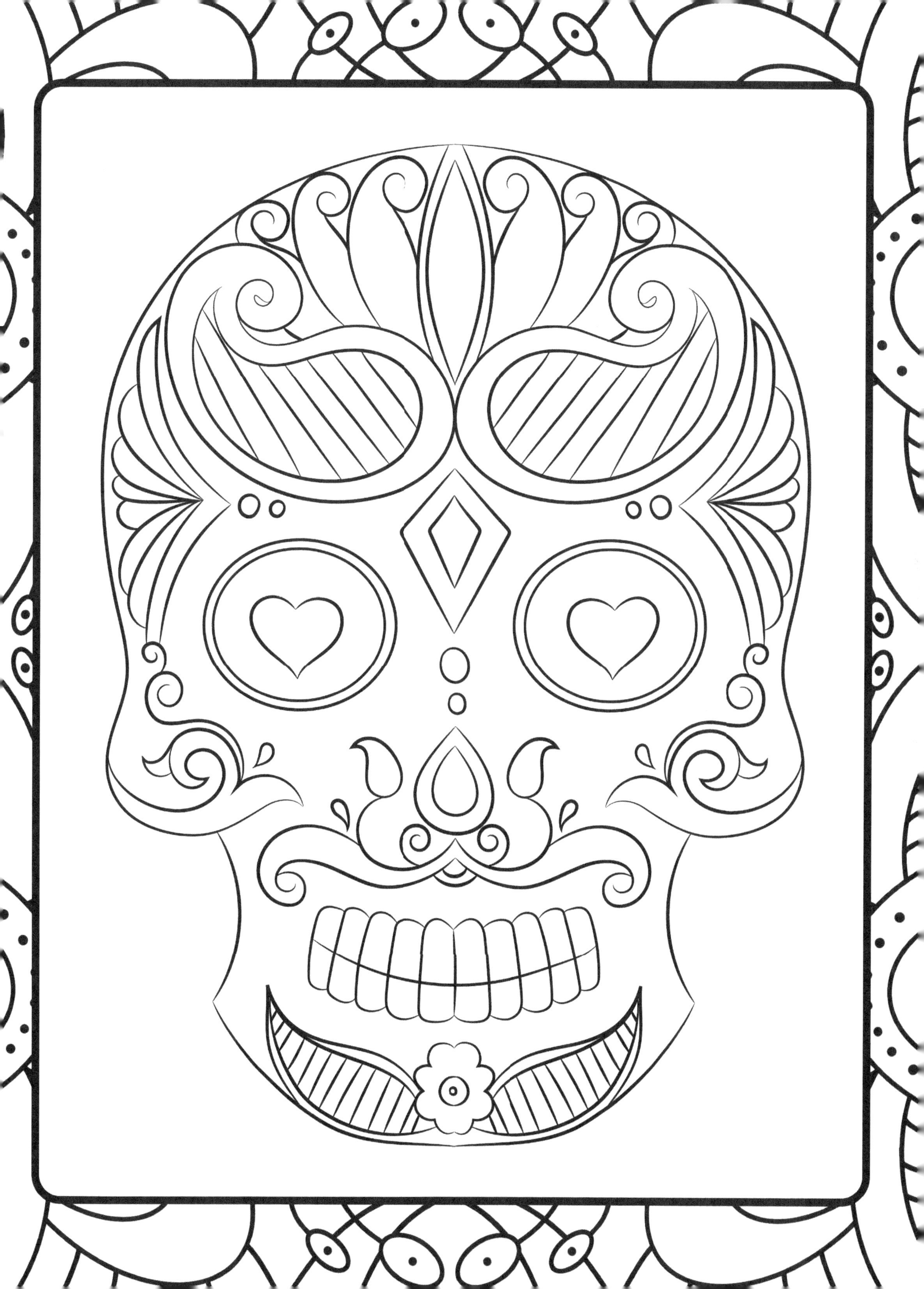

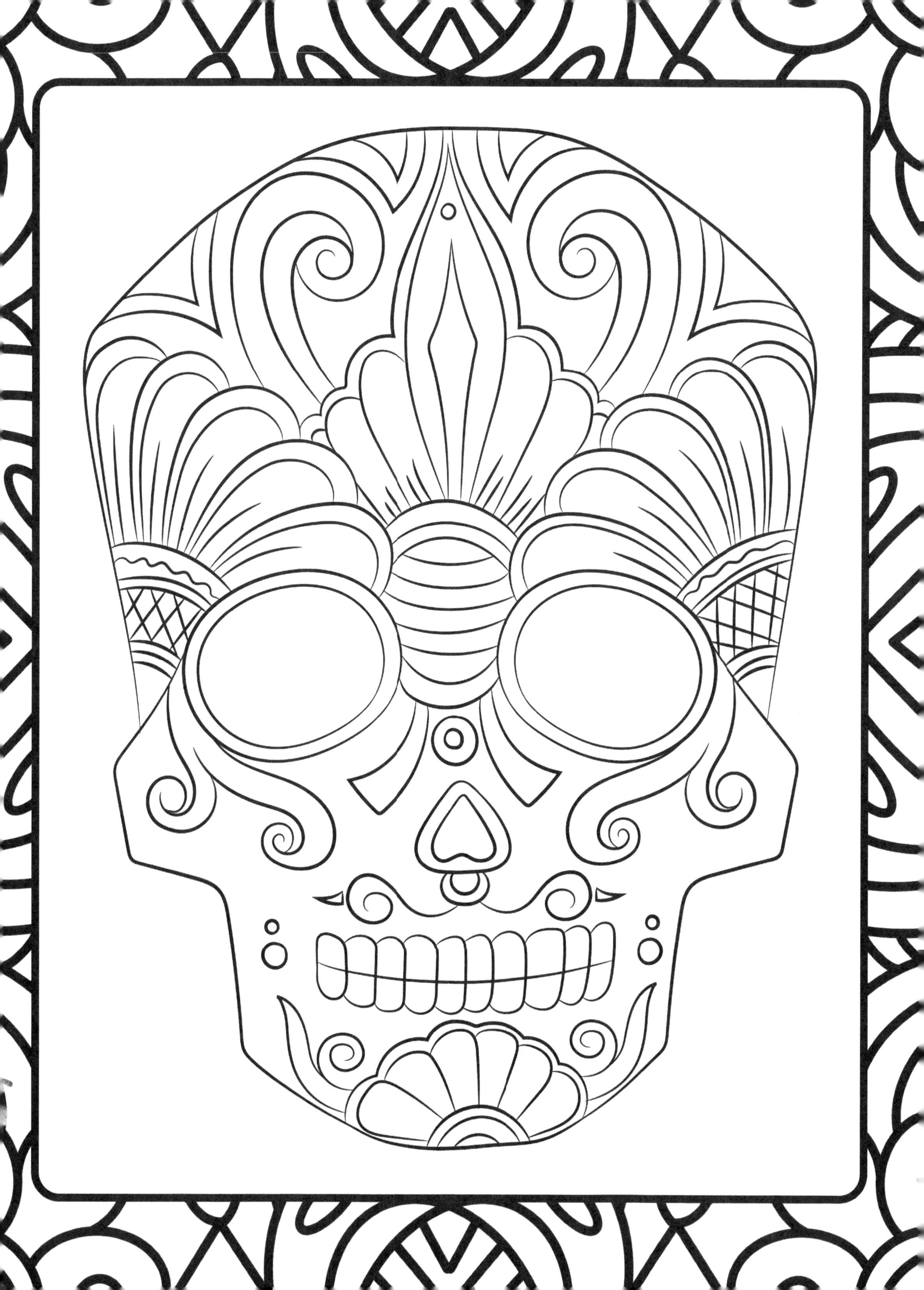

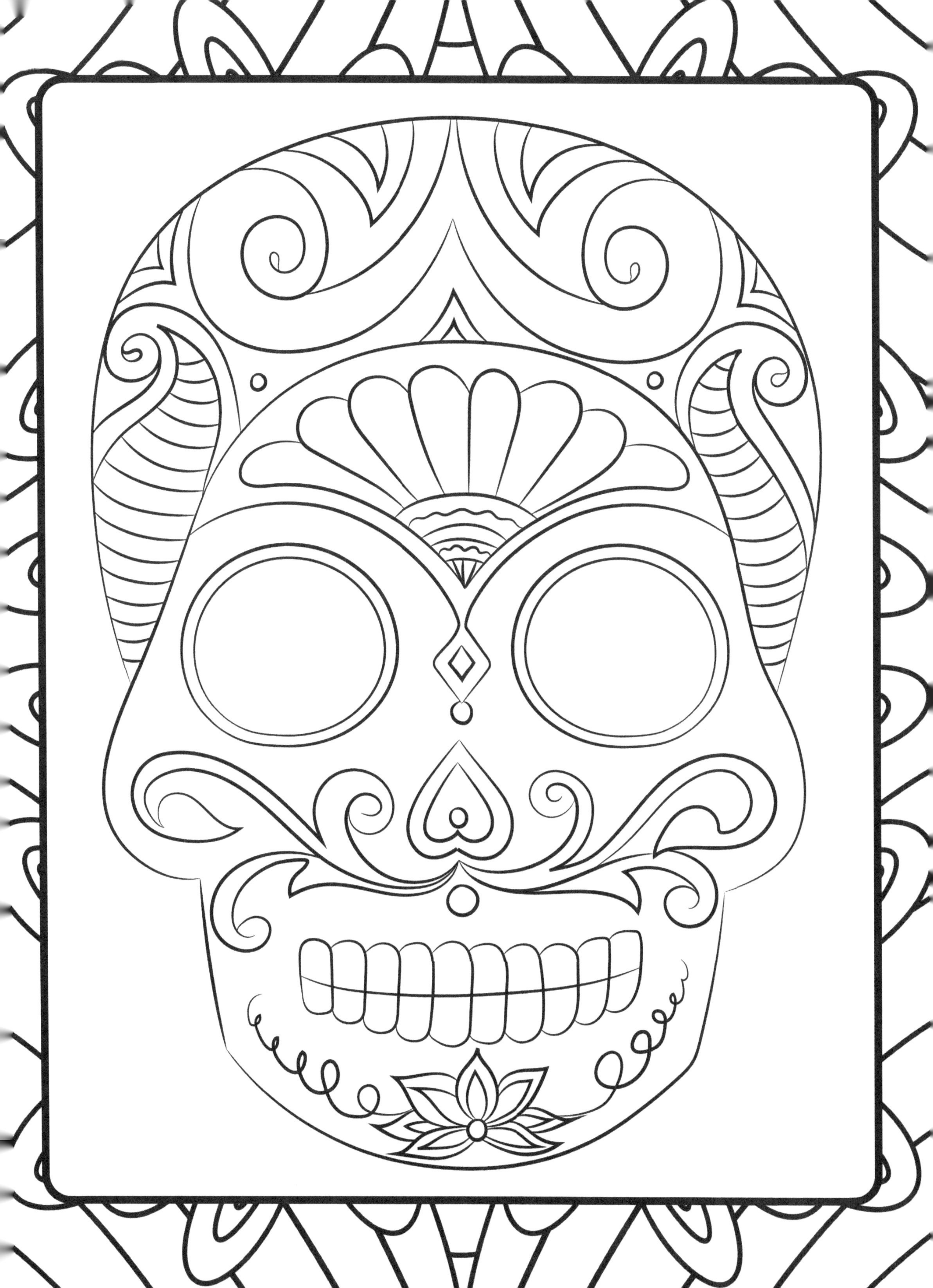

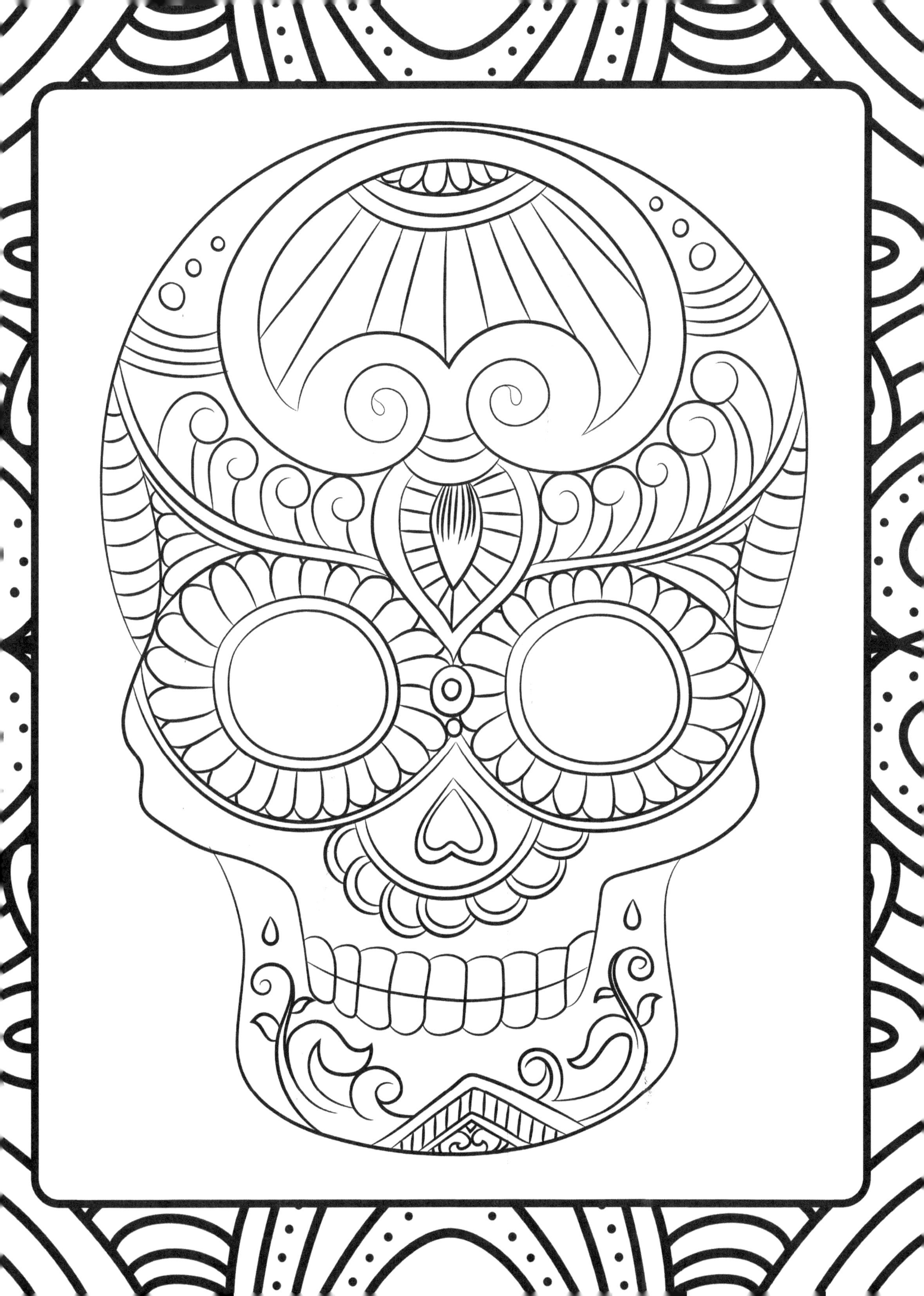

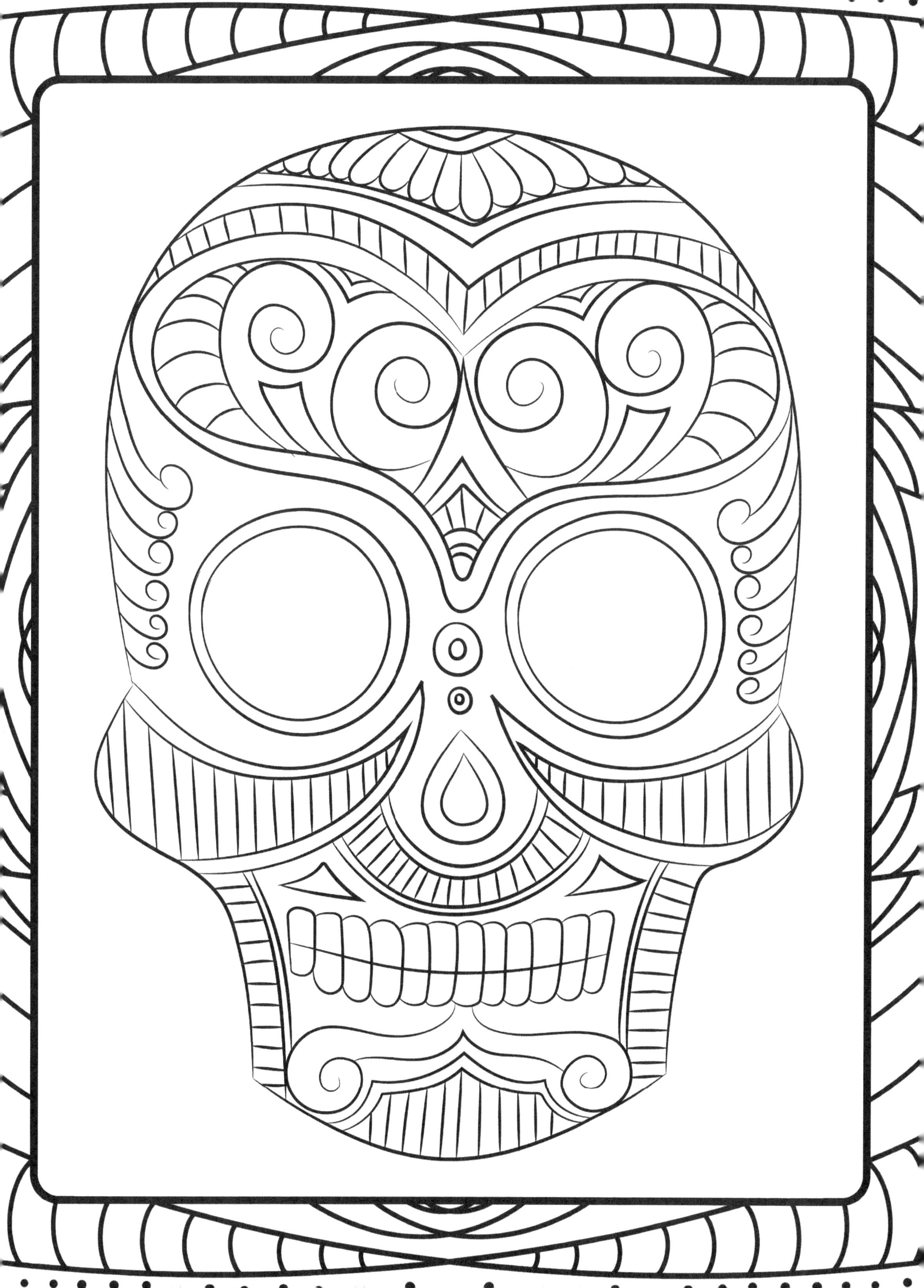

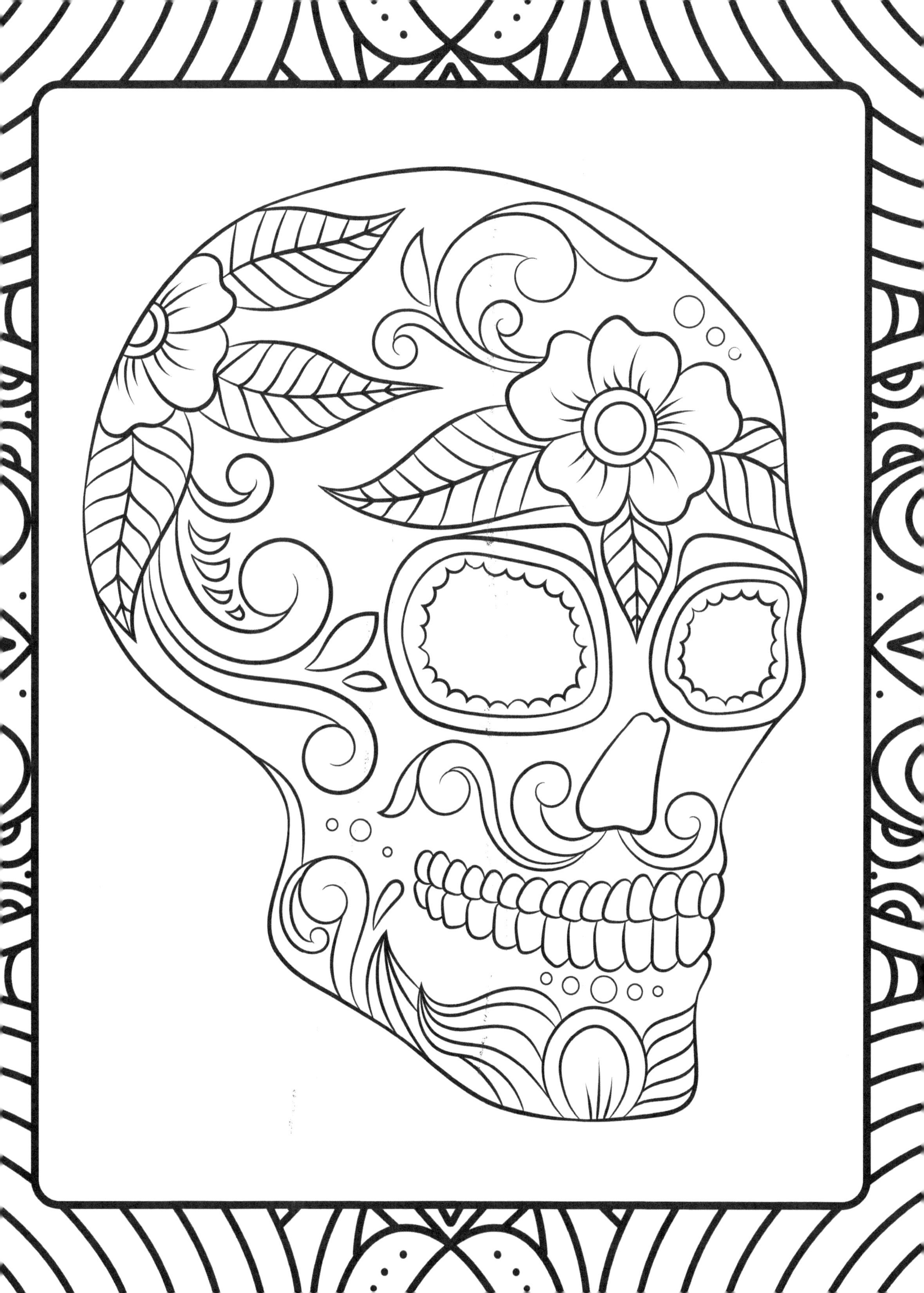

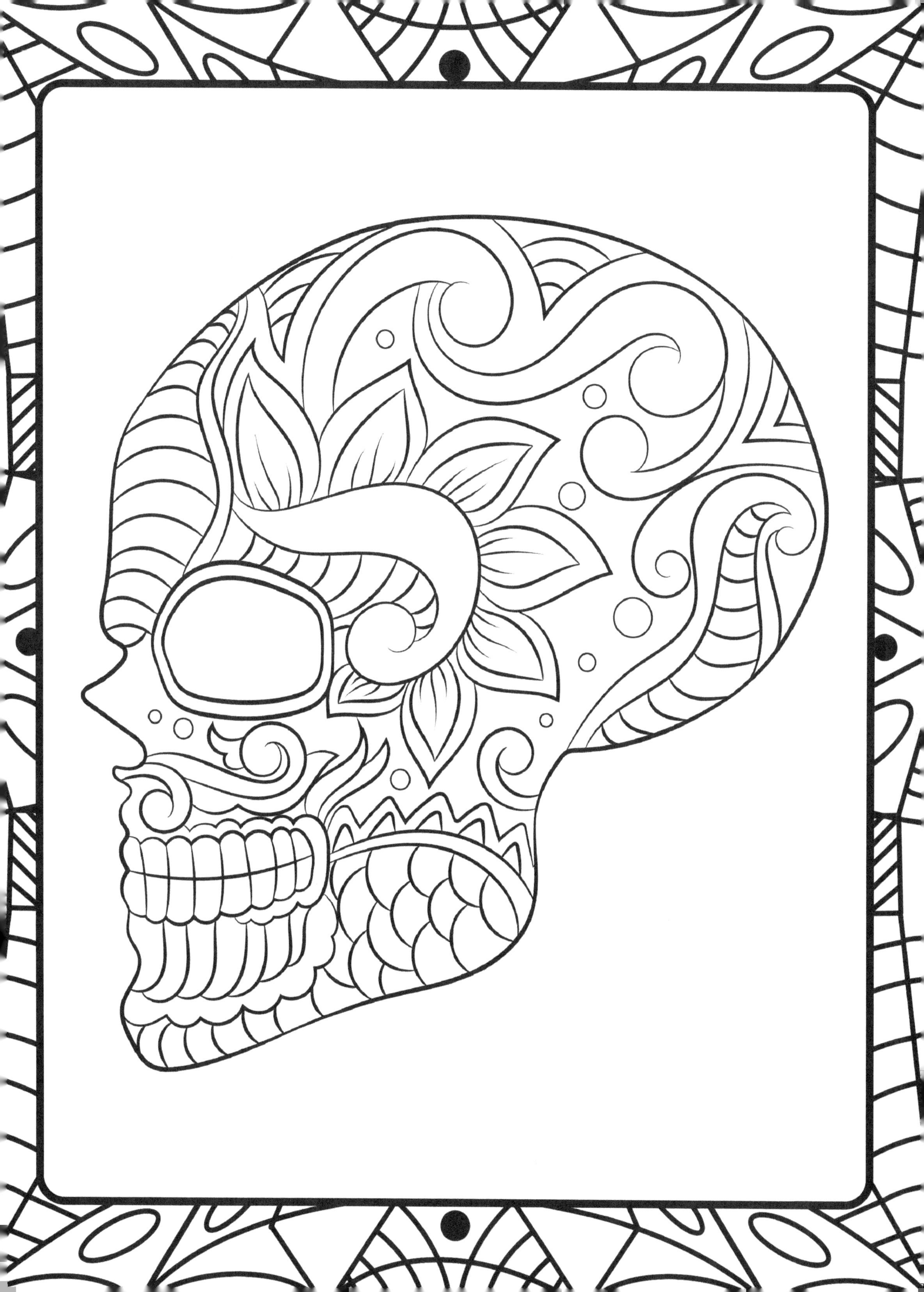

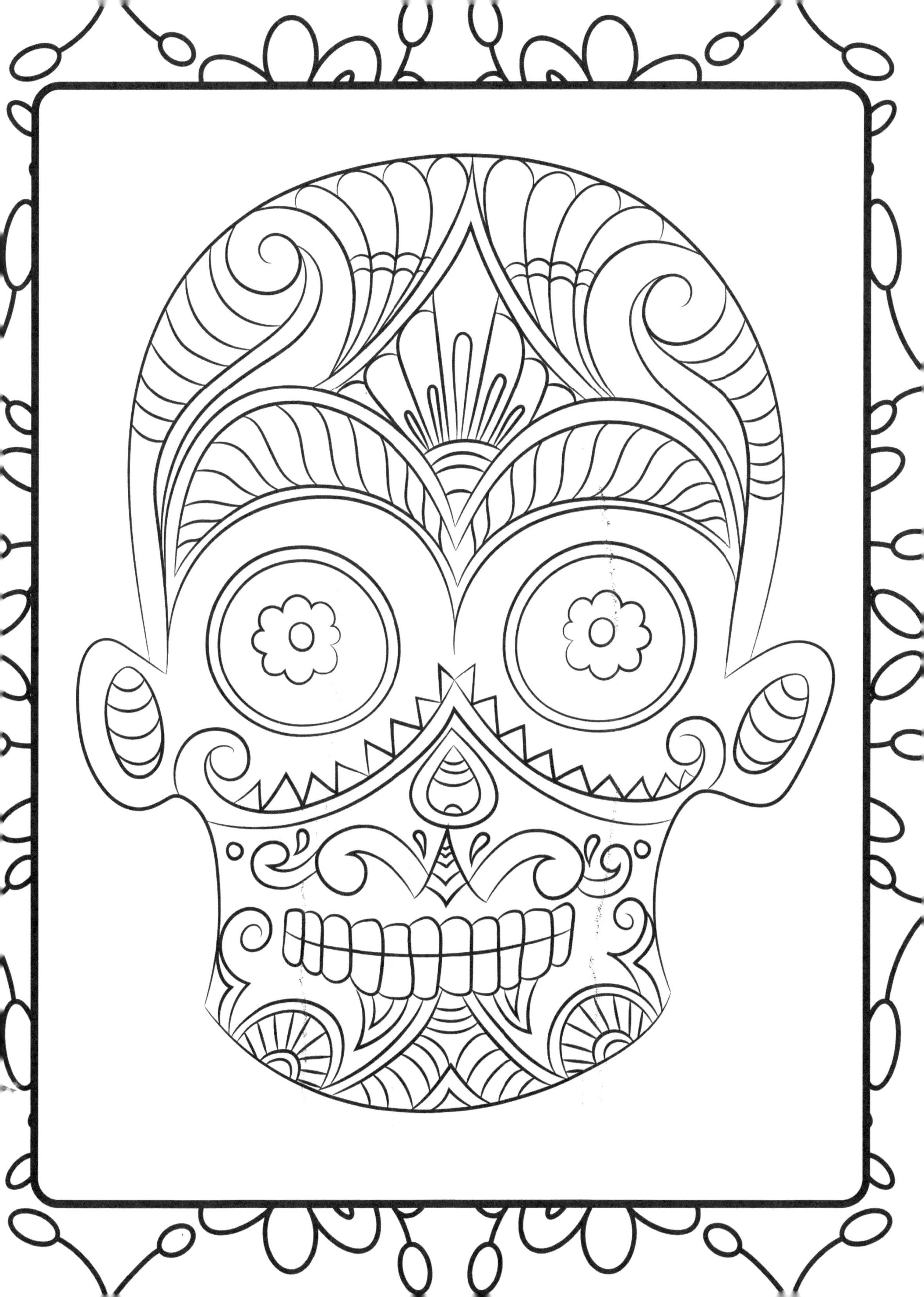

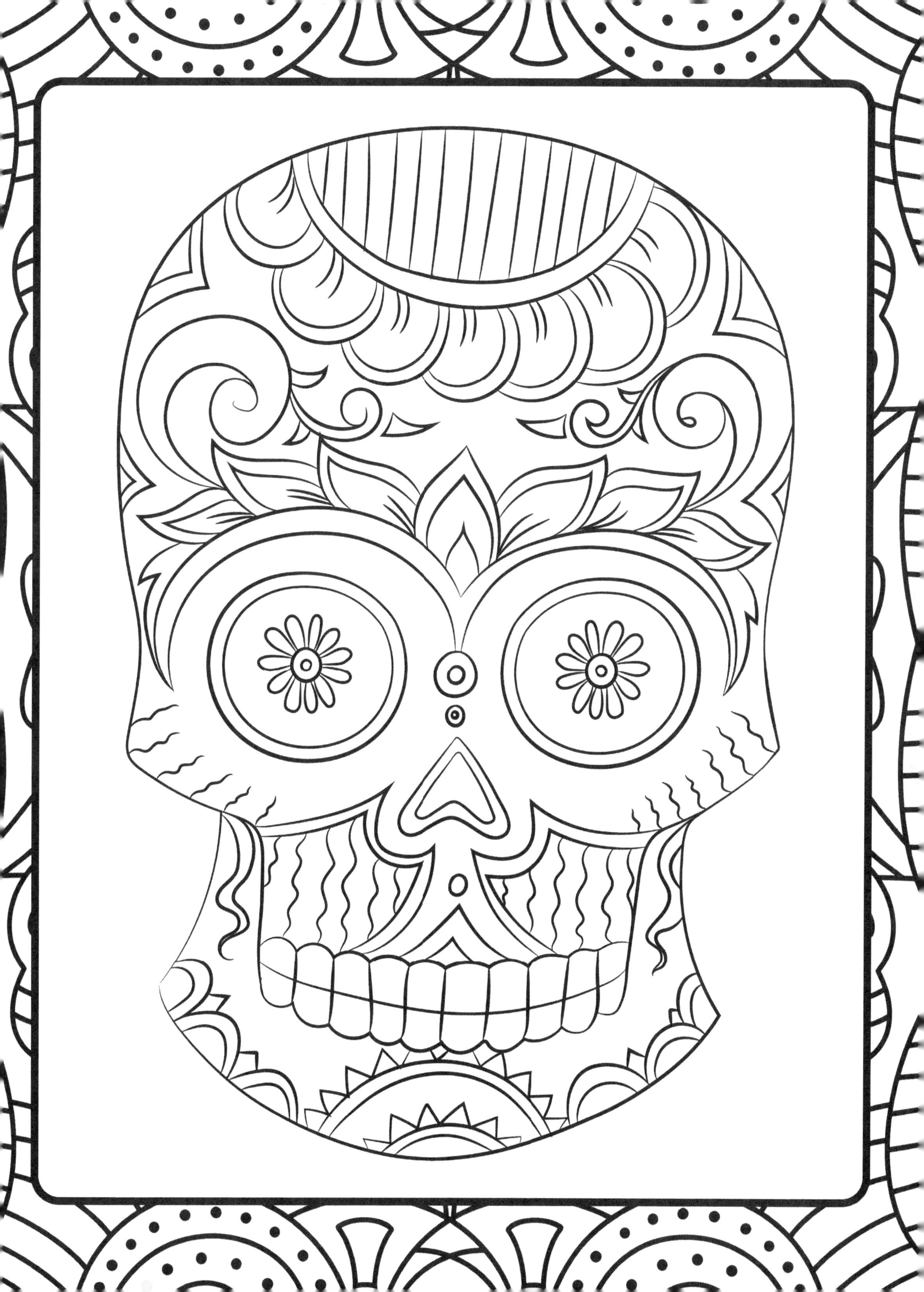

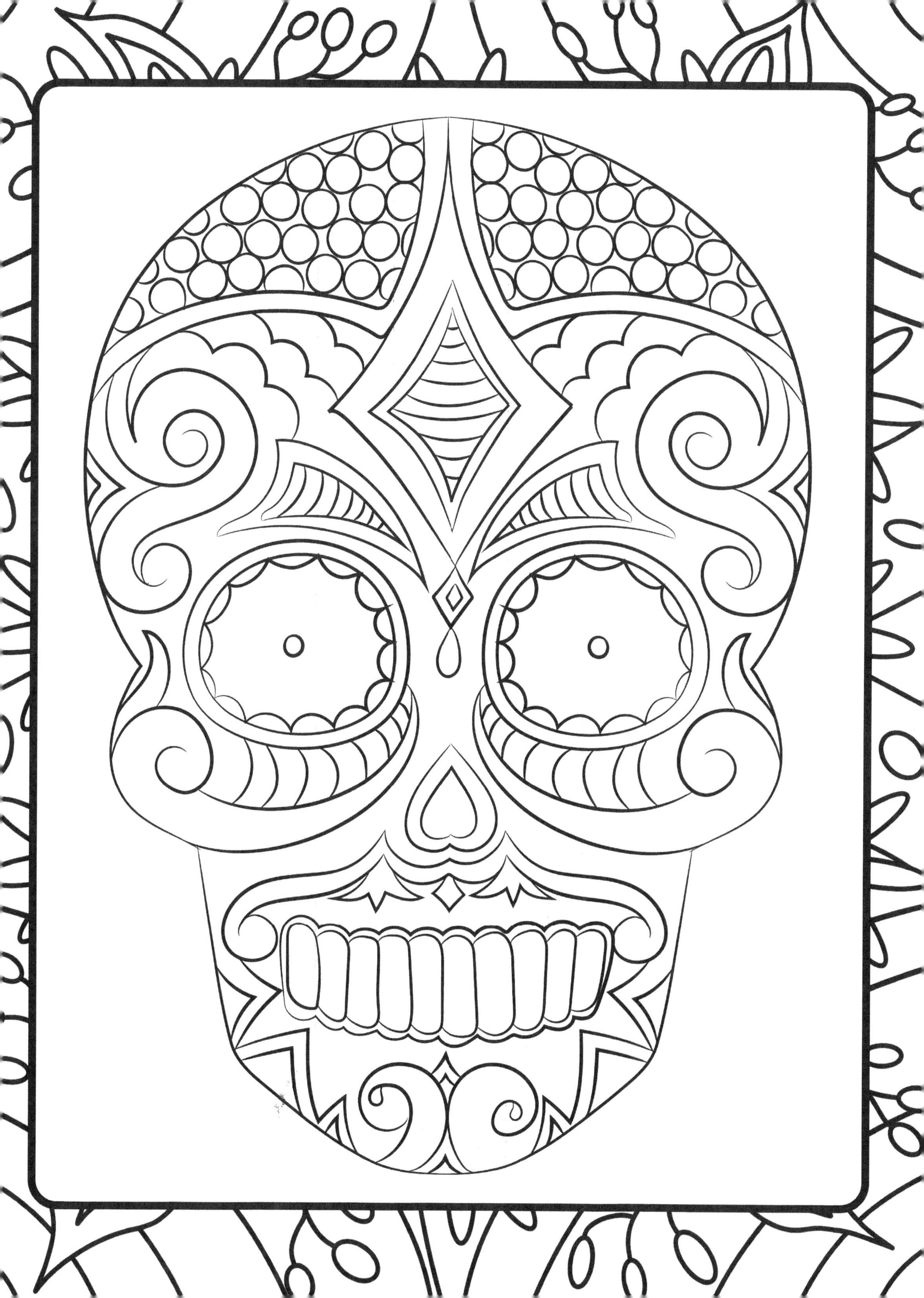

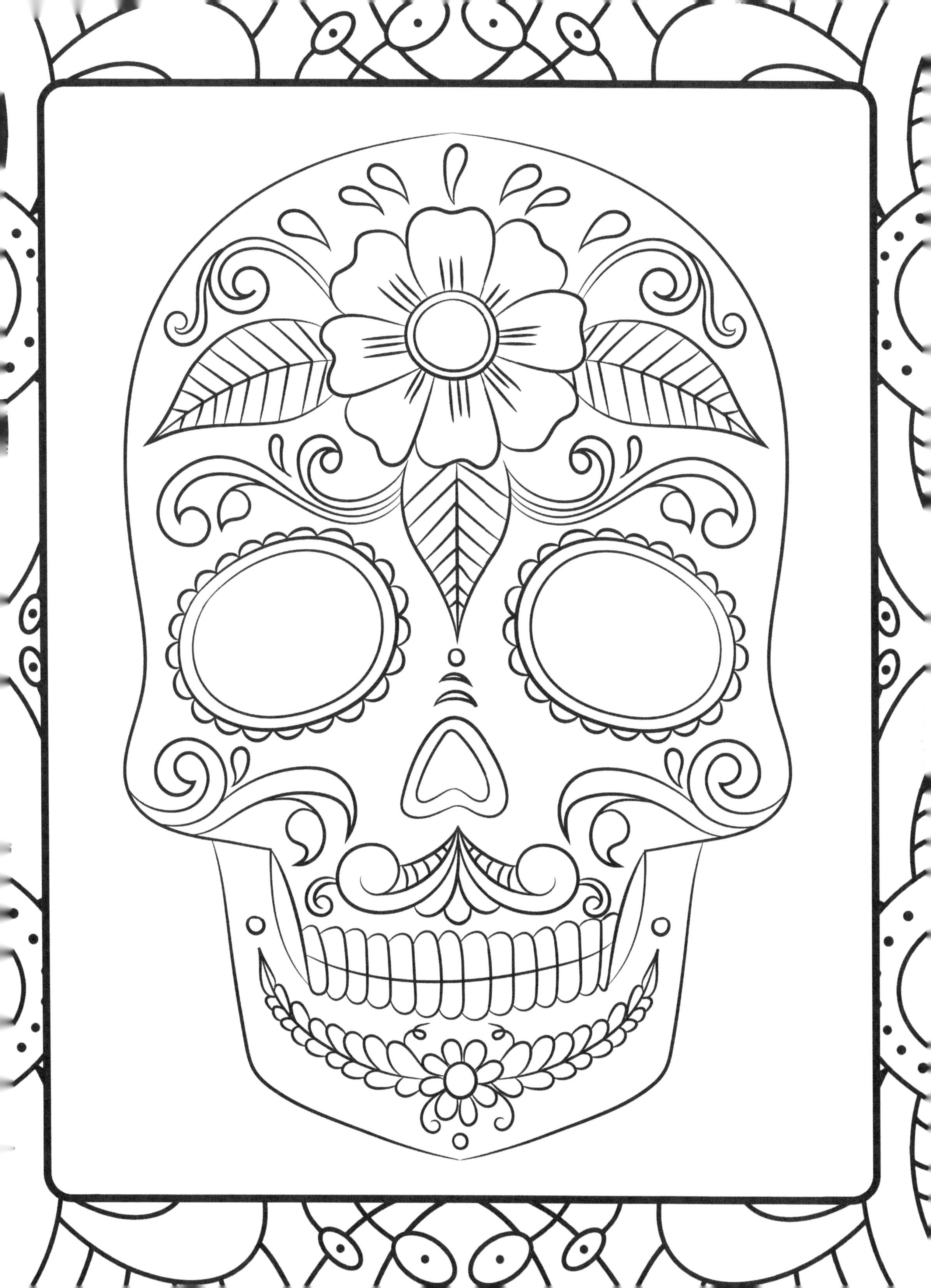

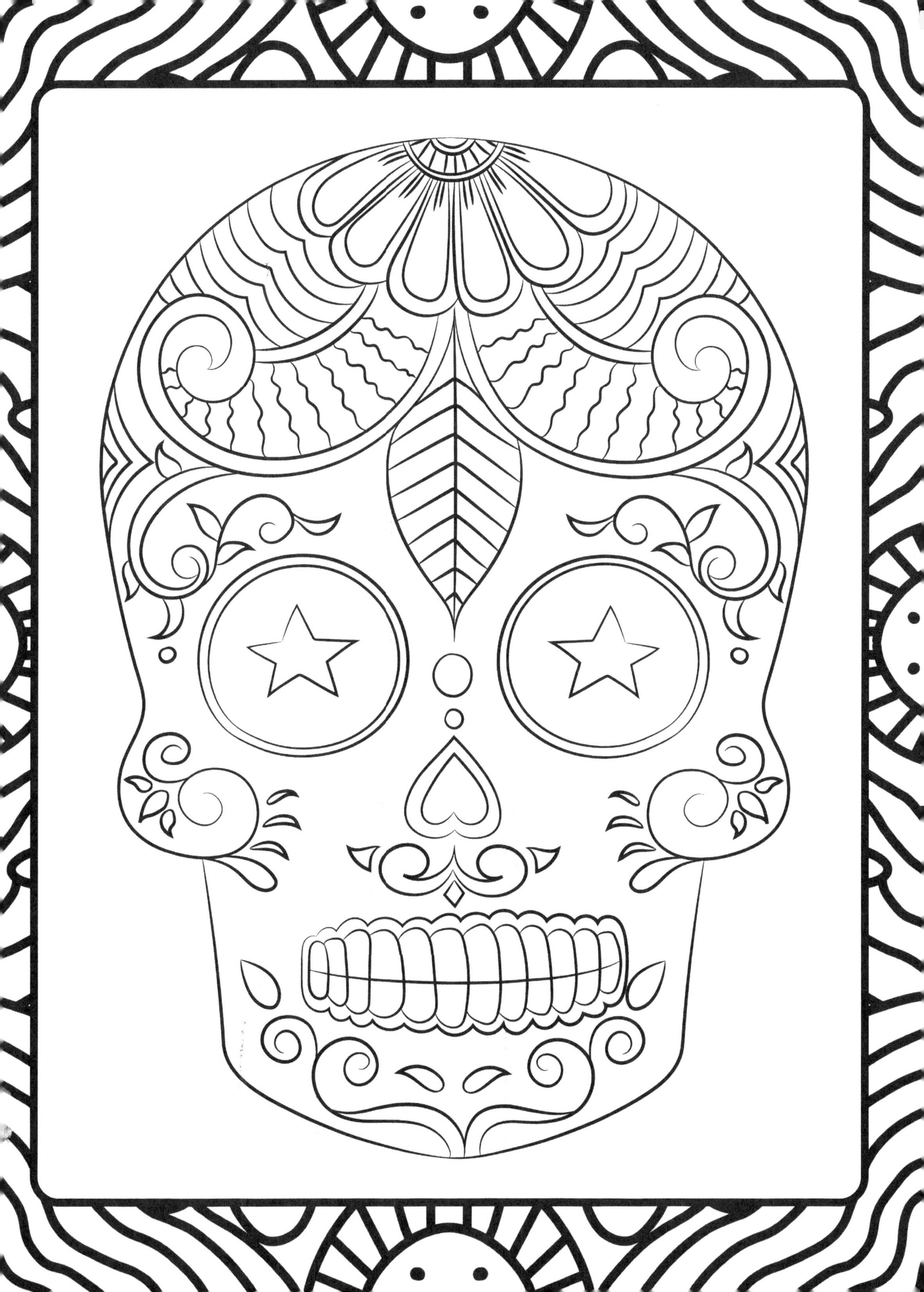

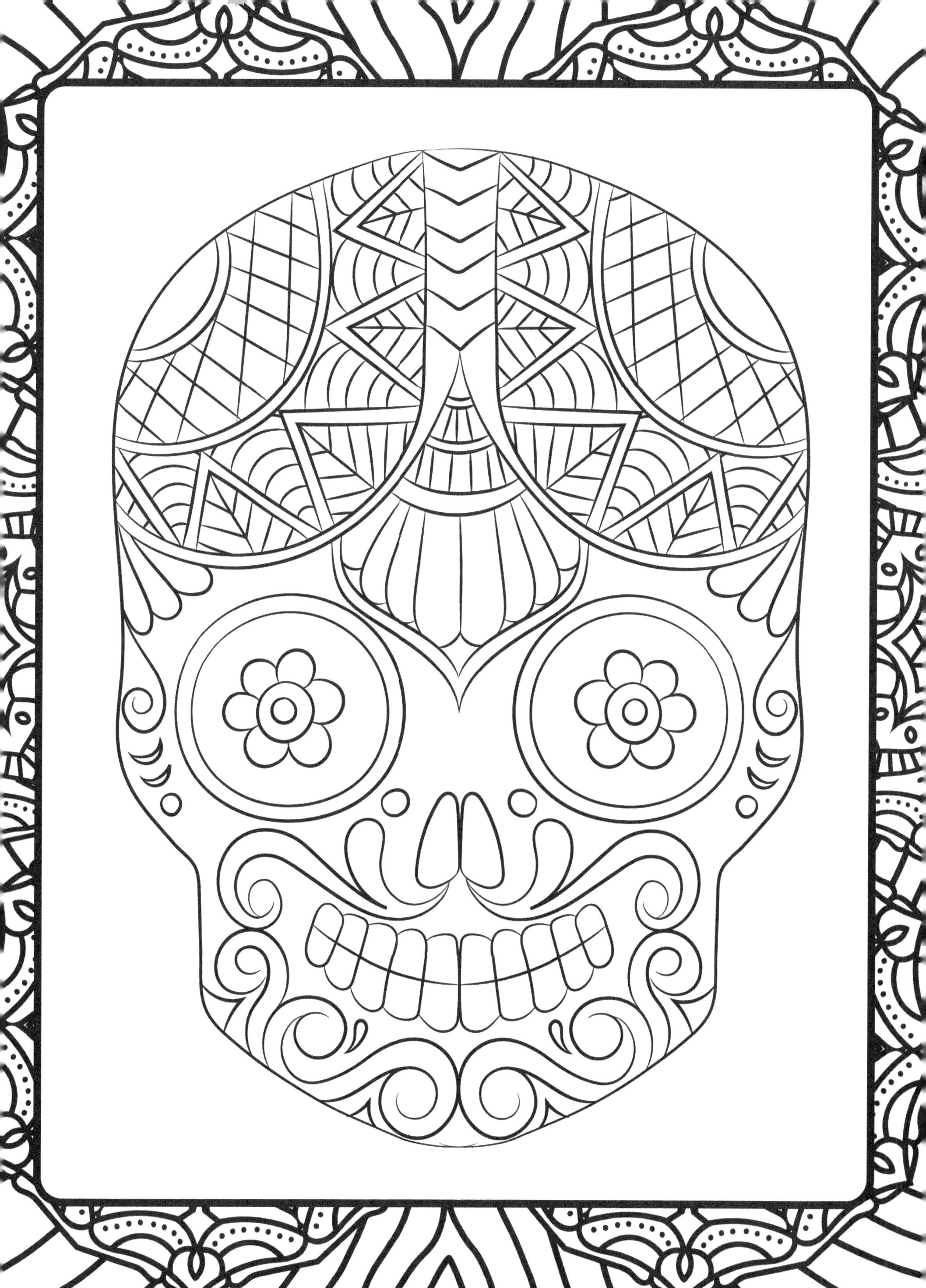

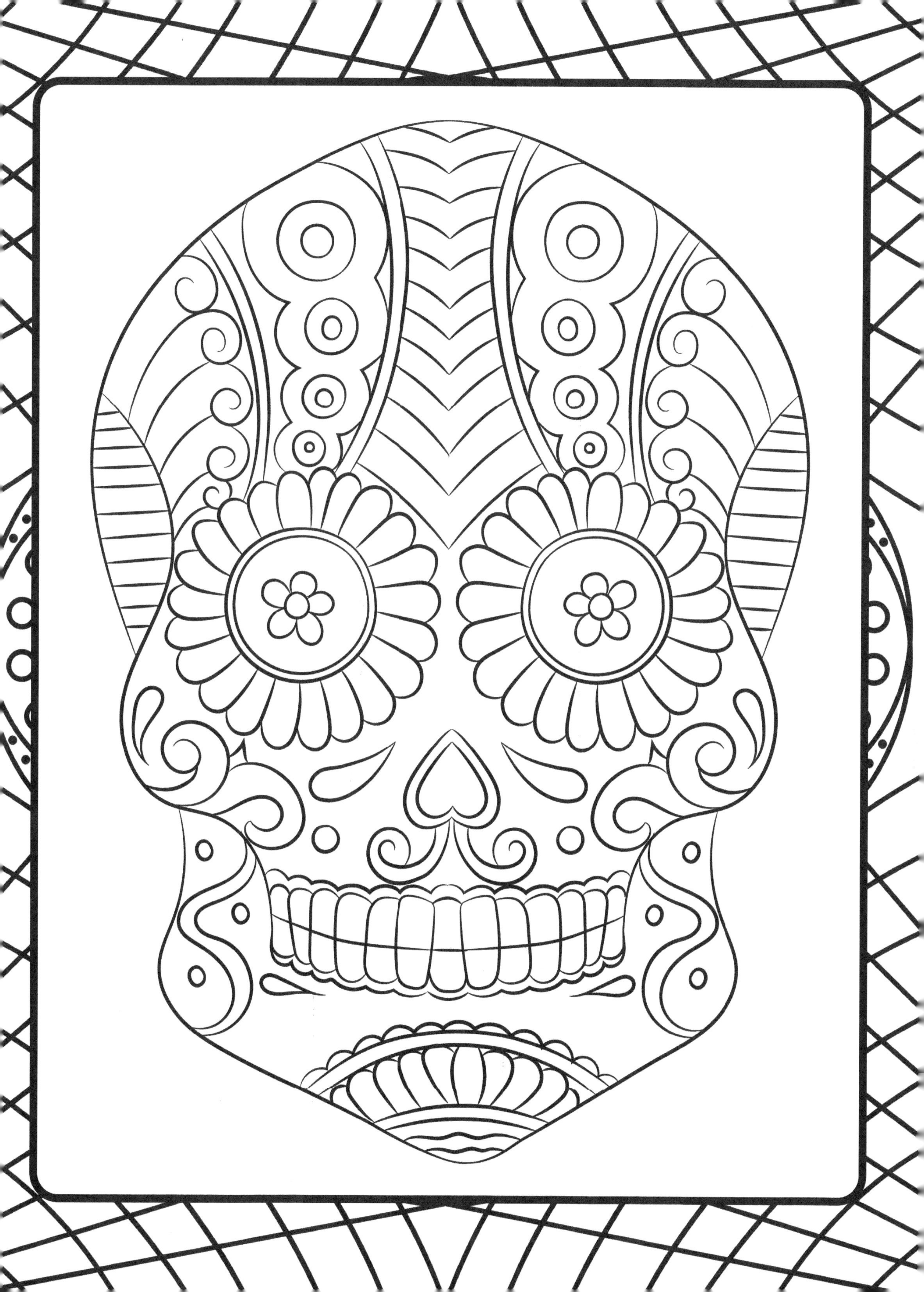

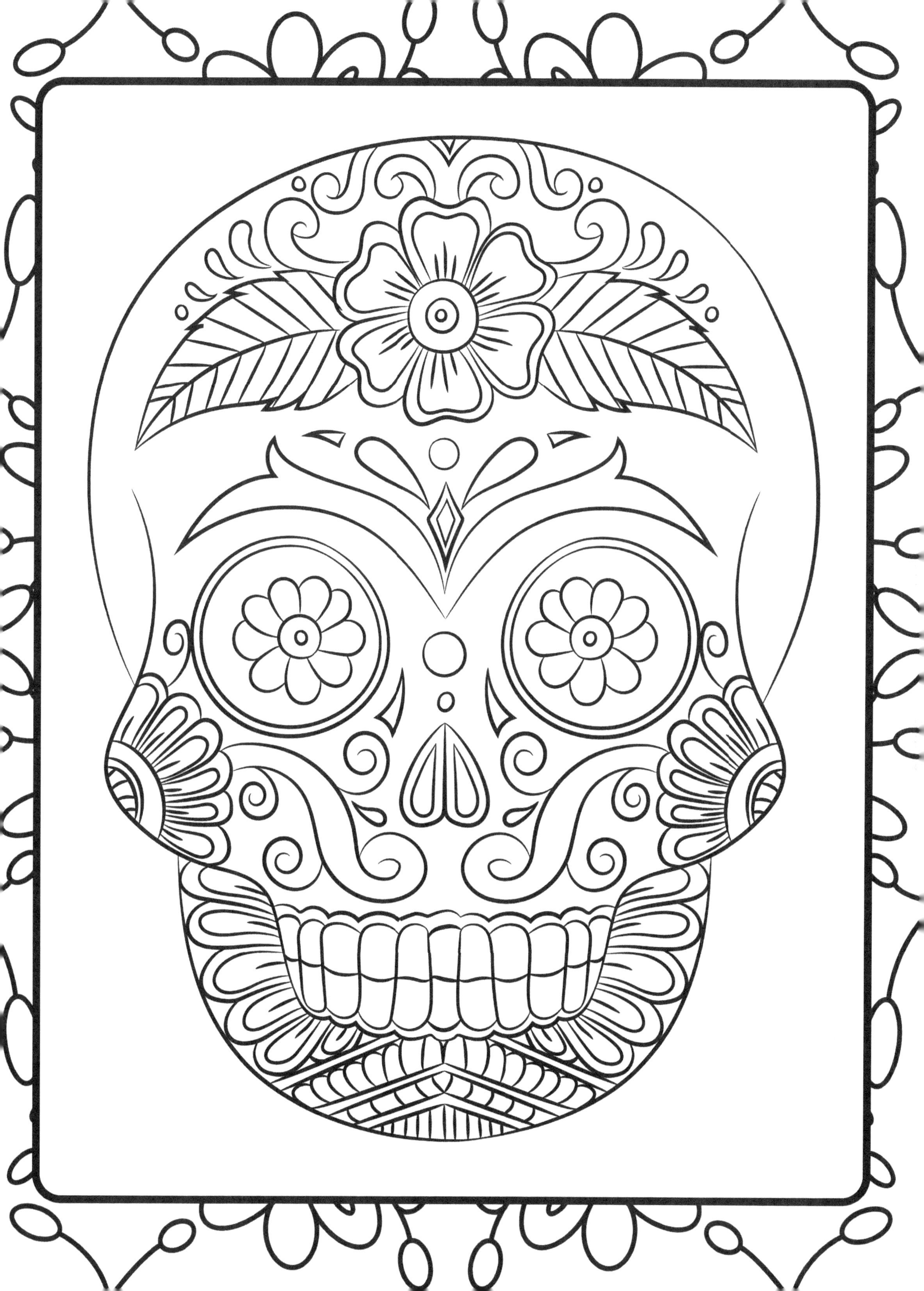

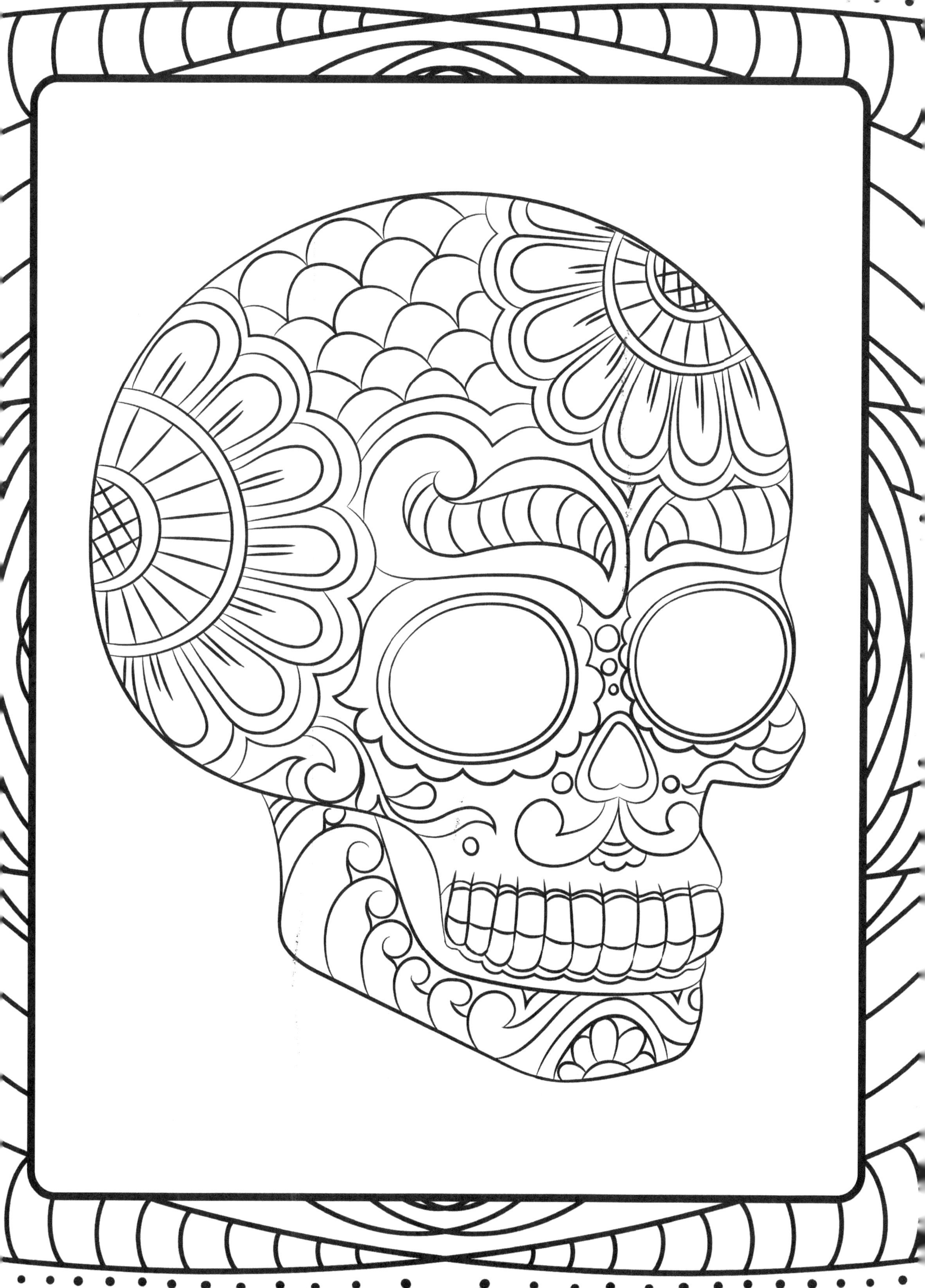

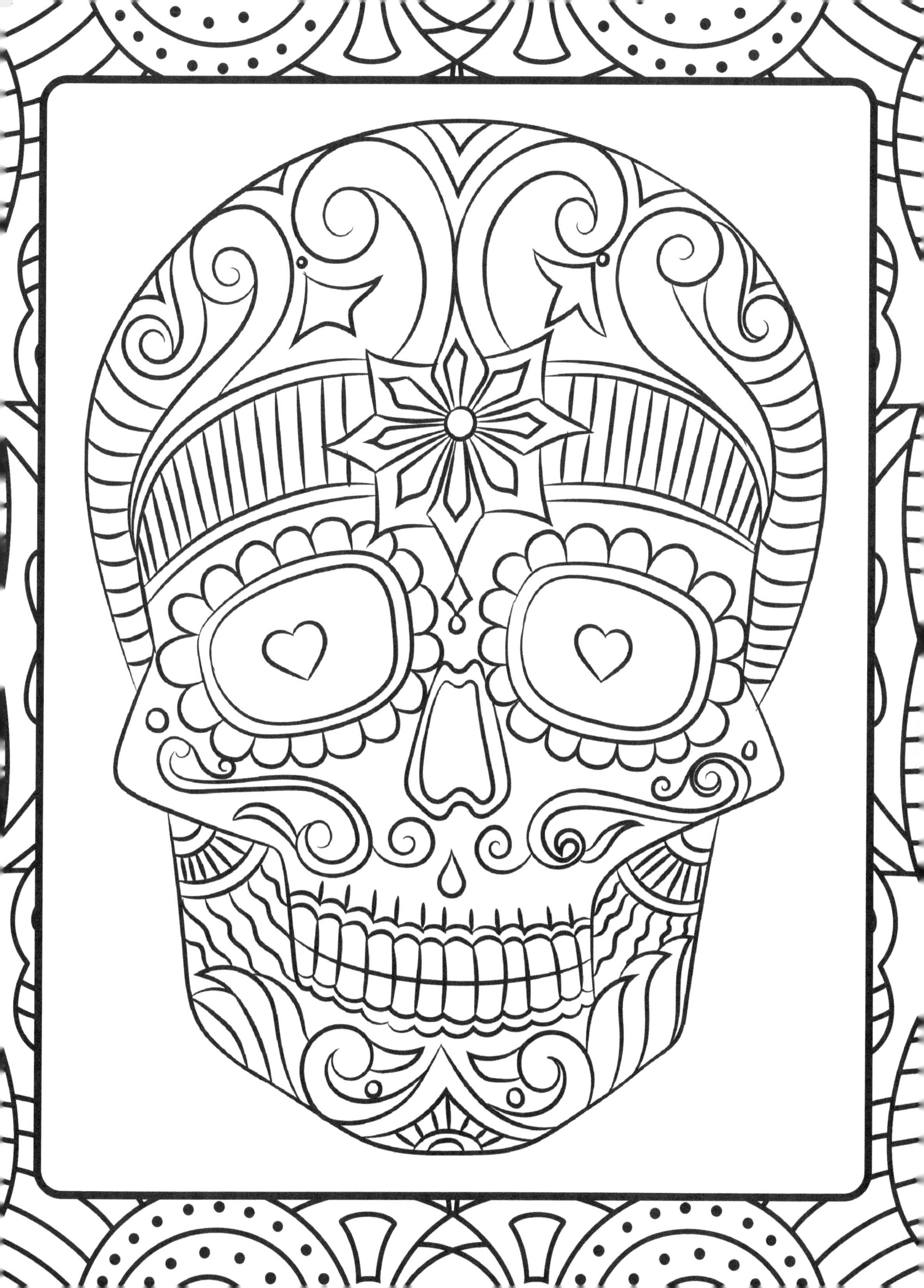

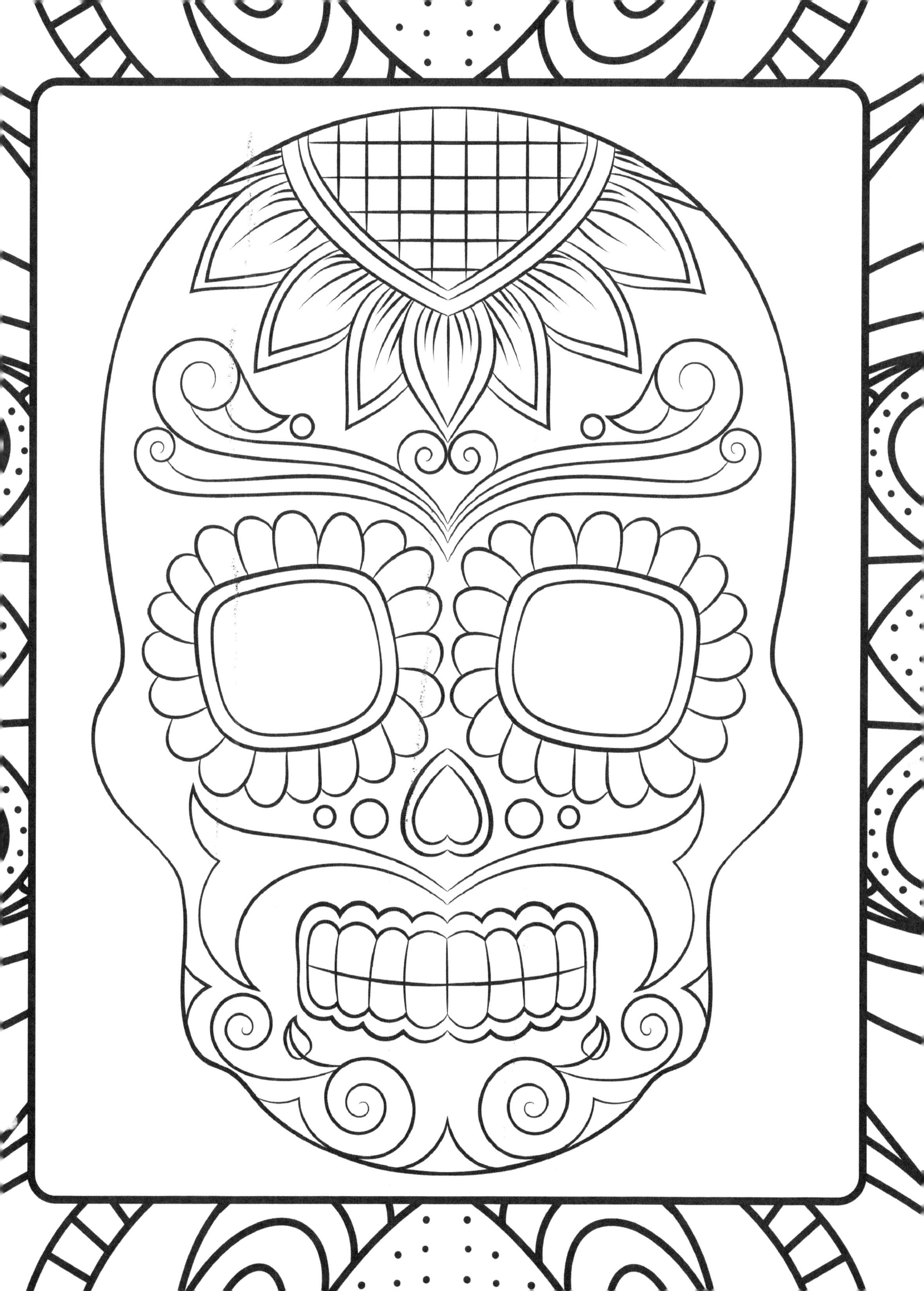

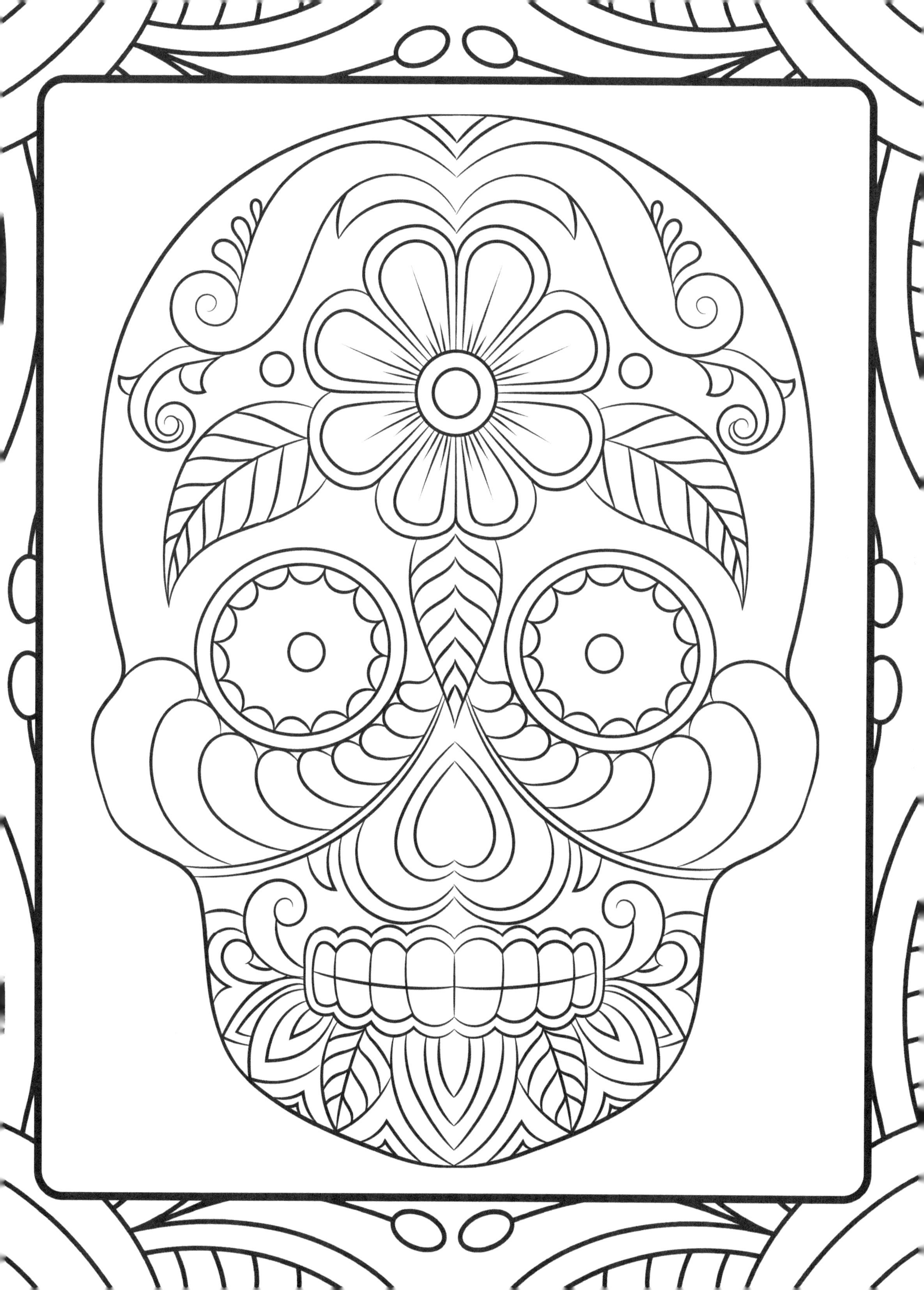

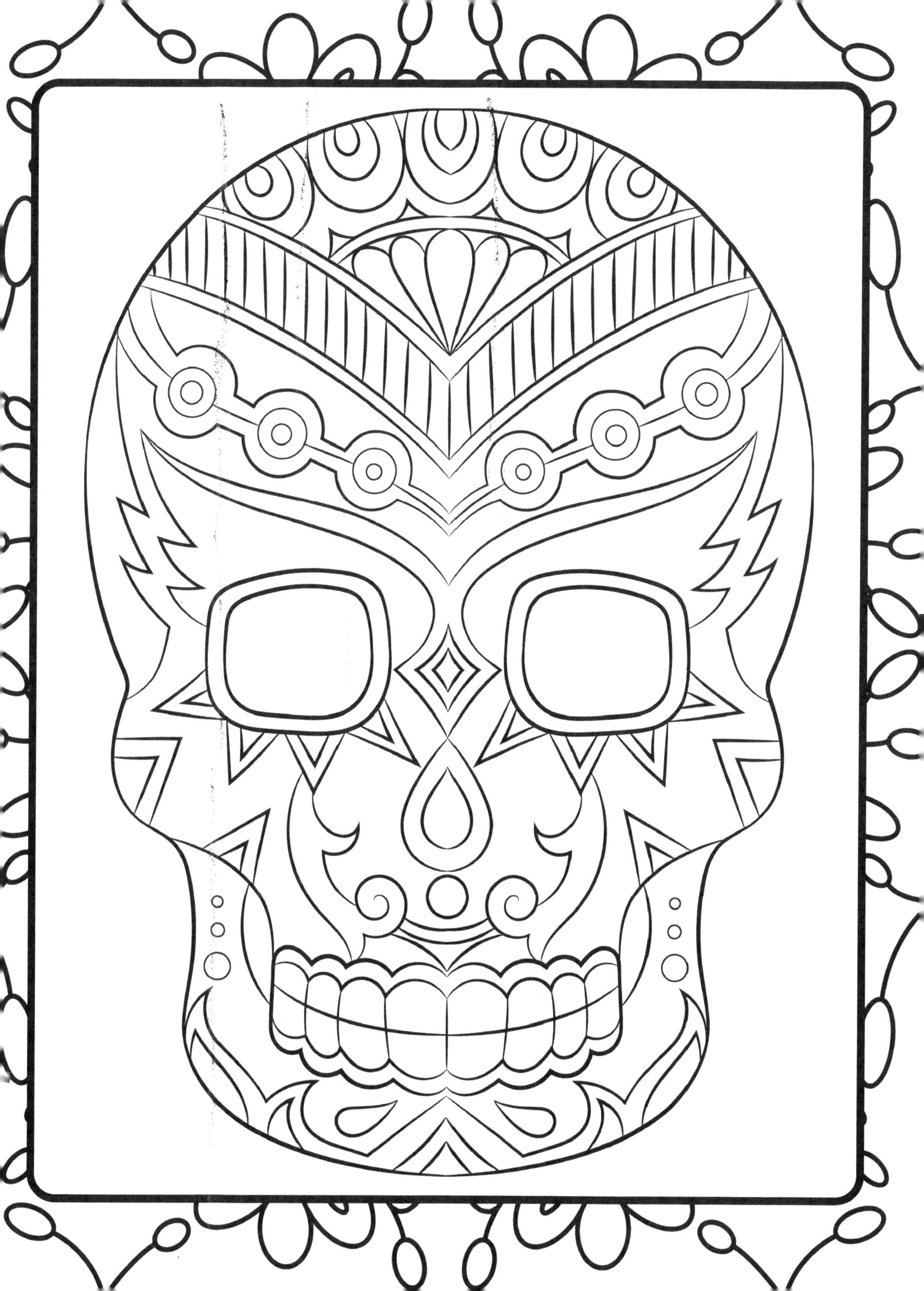

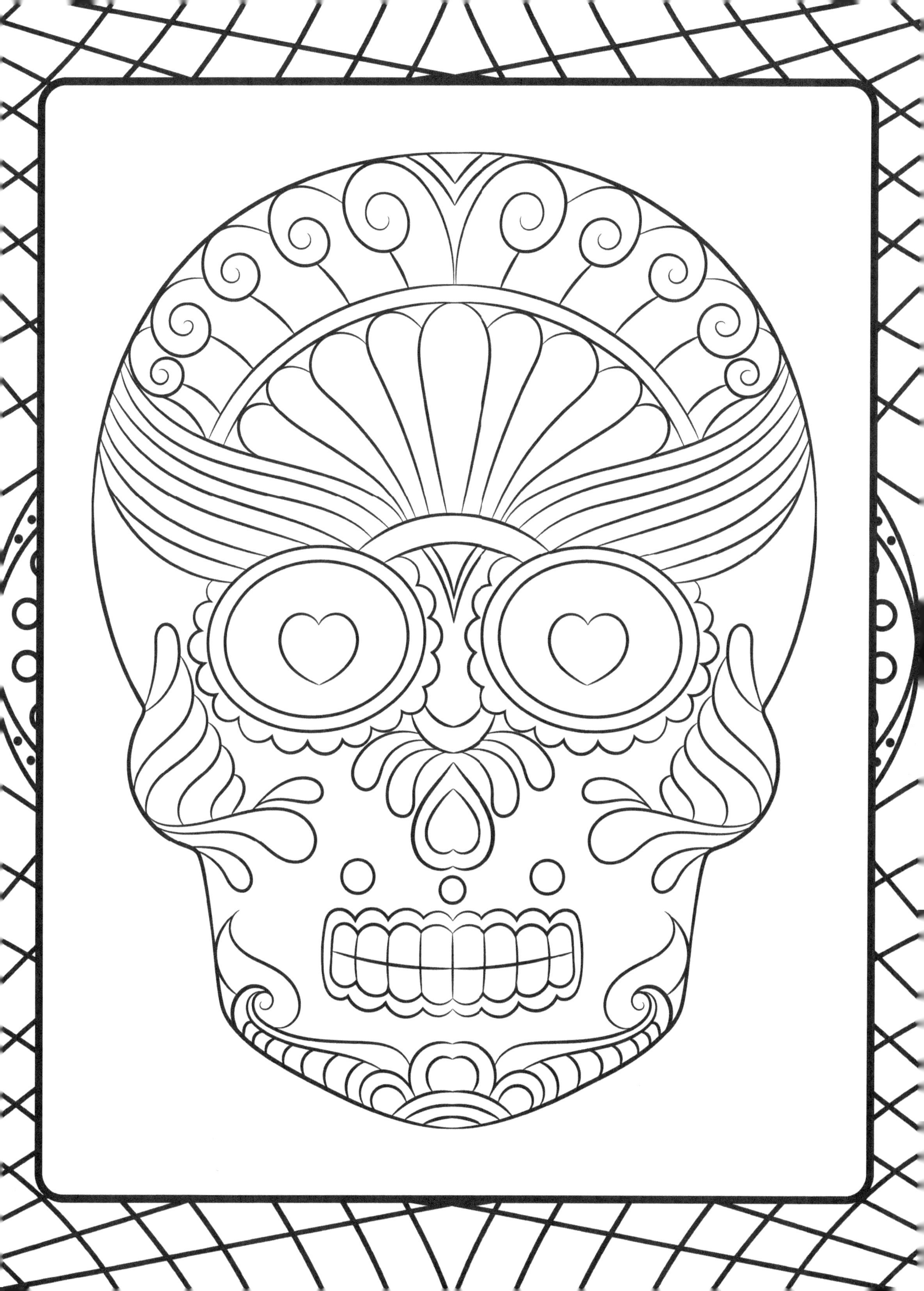

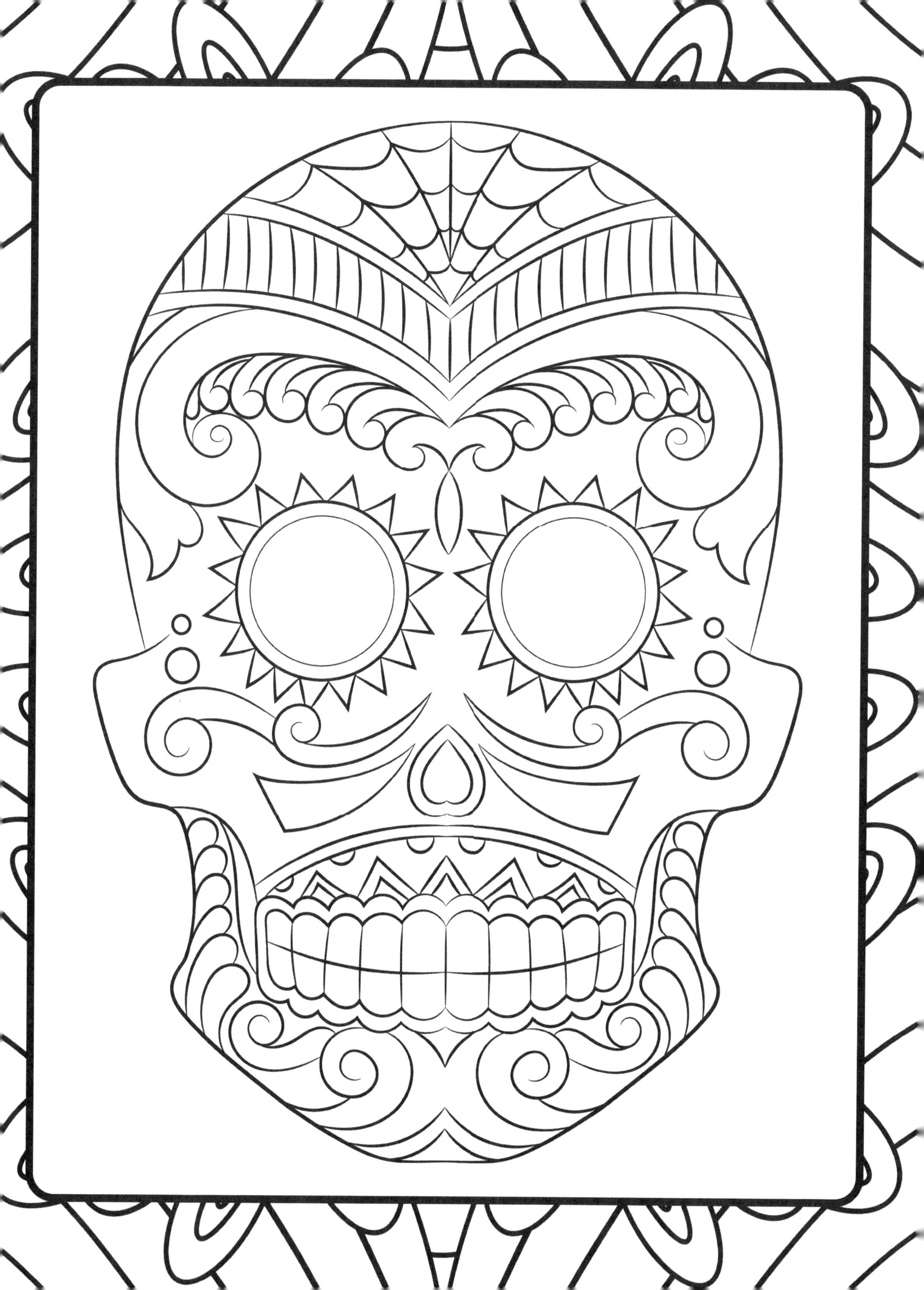

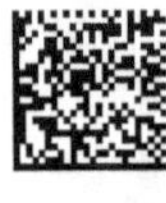